"十四五"高等职业教育财经商贸类系列教材

数智企业经营管理沙盘实践

丁丽华◎主　编
金江辉　李贝贝◎副主编

中国铁道出版社有限公司
CHINA RAILWAY PUBLISHING HOUSE CO., LTD.

内 容 简 介

本书是根据高等职业院校财经商贸类专业教学需要编写的集知识性、趣味性、对抗性于一体的企业管理技能训练教材。本书主要内容包括数智企业经营管理沙盘中的团队组建、企业目标与战略、任务操作、企业发展规划、企业经营等。

本书模拟了数智企业经营管理沙盘的操作流程，由读者担任总经理、营销总监、生产总监、财务总监、供应总监等角色，并组成团队来经营虚拟公司，通过直观的ERP沙盘模拟企业的实际经营过程，从而帮助读者理解和掌握正确的经营思路和管理理念。

本书适合作为高等职业院校财经商贸类专业实践课的教材，也适合作为初创企业的经营管理内部培训教材。

图书在版编目（CIP）数据

数智企业经营管理沙盘实践 / 丁丽华主编 . — 北京 : 中国铁道出版社有限公司，2024.3

“十四五”高等职业教育财经商贸类系列教材

ISBN 978-7-113-30985-5

Ⅰ. ①数… Ⅱ. ①丁… Ⅲ. ①企业管理-计算机管理系统 - 高等职业教育 - 教材 Ⅳ. ① F272.7

中国国家版本馆 CIP 数据核字（2024）第 073436 号

书　　名：数智企业经营管理沙盘实践
作　　者：丁丽华

策　　划：潘星泉　　　　编辑部电话：（010）51873090
责任编辑：潘星泉　许　璐
封面设计：高博越
责任校对：刘　畅
责任印制：樊启鹏

出版发行：中国铁道出版社有限公司（100054，北京市西城区右安门西街8号）
网　　址：https://www.tdpress.com/51eds/
印　　刷：河北燕山印务有限公司
版　　次：2024年3月第1版　2024年3月第1次印刷
开　　本：787 mm×1 092 mm 1/16　印张：8.5　字数：206千
书　　号：ISBN 978-7-113-30985-5
定　　价：30.00元

前 言

近年来，人工智能、大数据、云计算等技术兴起，为企业经营管理注入了新的动能。数智会计时代呼唤具有财务数据分析能力和创新思维能力的人才，数智沙盘可以帮助人们认知数智化时代的经营管理，提升数智素养。“企业经营流程与项目实训（ERP）”是高职大数据与会计、大数据与财务管理等专业的技能实训必修课，本书是这门课程的配套教材。教师通过对学生开展一周的集中学习与训练，能使学生初步认知企业团队建设方式方法，体验企业运营战略、营销管理、生产管理和财务管理流程及方法，基本具备企业经营管理的专业技能。

本书内容主要分为三部分，具体如下：

第一部分为认知数智企业经营管理沙盘，包括绪论、第一章和第二章。其中对企业的概念、经营主体、管理的重要性以及沙盘的形态和历史进行了全面介绍。同时，还引入了企业数字化的概念，以便读者对企业经营管理沙盘和企业数字化有一个基础且全面的认知。

第二部分为数智企业经营管理沙盘详解，包括第三章、第四章。其中详细解析了数智企业经营管理沙盘的操作方法和经营规则。通过数据引导经营，帮助读者更快地理解和掌握数智企业经营管理沙盘的规则和运营。

第三部分为企业经营管理数据分析及授课支持，包括第五章、第六章。该部分通过数据分析的形式，为读者提供核心策略的具体分析方法和建议。

本书主要特色如下：

（1）本书所依托的数智企业经营管理沙盘，延续了手工与电子沙盘的经典经营管理模型，把企业运营所处的内外部环境抽象为一系列的规则，以便于读者快速形成企业经营管理的全景认知。

（2）本书将数智企业的新要素进行了有机融入，通过整合人、机、料、法、环等五大要素，对采购、研发、生产、销售、财务核算、筹资与投资、人力资源管理等企业流程实施精细管理。

（3）本书系统地介绍了企业信息化、企业数智化转型及全面数智化运营三个阶段的经营管理流程，通过形象化的设计让读者切实感知企业数智化的发展过程和前后对比，从而建立数智企业经营运营框架，并通过建立数智企业经营运营框架，帮助读者全面了解新一代数字与智能技术给企业带来的生产变革、经营变革和管理变革。

（4）本书融理论与实践于一体，加大了理论学习与案例分析的比例，设计思路新颖独到，加入了思政内容，内容丰富充实，能使读者在学习体验中，完成由知识到技能的转化，提升专业素养。

本书由丁丽华任主编，由金江辉、李贝贝任副主编。本书能够出版，非常感谢江苏省立诚会计“双师型”名师工作室全体成员的大力支持，特别感谢新道科技股份有限公司江苏分公司在本书编写过程中给予的指导。

由于编者水平有限，书中难免有不当之处，敬请读者批评指正，我们将在修订或重印时及时改进。

编　者

2024年2月

目　录

绪　论 1

一、数智企业经营管理沙盘实践课程的特点 1

（一）教学模式新颖 1

（二）角色扮演 1

（三）内容广泛、涉及多学科知识 1

（四）数智企业 + 经营管理全景 1

二、数智企业经营管理沙盘的必要性与意义 2

三、数智企业经营管理沙盘的教学学时建议 3

四、数智企业经营管理沙盘的教学方法和教学手段 3

（一）教学方法 3

（二）教学手段 4

五、数智企业经营管理沙盘的成绩评定 4

（一）团队实训成果 4

（二）团队表现 5

（三）沙盘模拟总结报告 5

第一章　企业经营管理沙盘 6

一、认知企业经营管理 7

（一）认知企业 7

（二）认知经营 7

（三）认知管理 8

二、认知沙盘模拟经营 9

（一）沙盘的历史背景 9

（二）沙盘的分类 10

（三）企业经营管理沙盘 11

第二章　数智企业经营管理沙盘中的团队组建 12

一、认知数智企业经营管理沙盘 12

（一）企业数智化 12

（二）数智企业经营管理沙盘的概念 13

二、组建企业团队 14

（一）团队的概念 14

（二）组建企业团队 14
（三）分岗位工作 18
（四）公司成立 19

第三章 数智企业经营管理沙盘中的企业目标与战略 23

一、确定企业目标 23
（一）战略管理方面 23
（二）财务管理方面 24
（三）生产管理方面 24
（四）市场营销管理方面 24
二、制定经营战略 24
（一）企业战略的含义 24
（二）企业战略的内容 24

第四章 数智企业经营沙盘管理的任务操作 27

一、管理员任务 27
（一）教师管理 28
（二）标准案例管理 29
（三）规则导入 29
（四）账号管理 30
二、教师端的任务 31
（一）案例开发 31
（二）沙盘教学班管理 35
三、学生端的任务 44
（一）进行实训 44
（二）规则解读 44
（三）操作说明 57
四、“引导年”操作 71
（一）沙盘初始状态 71
（二）“引导年”操作流程 71

第五章 数智企业经营管理沙盘中的企业发展规划 76

一、年初规划会议 76
（一）新年度规划会议 76
（二）参加订货会、支付广告费、登记销售订单 79
（三）制订新年度计划 79

二、企业战术分析……83
（一）开局策略……84
（二）广告投放……84
（三）运营过程……84
（四）询盘数据……85

第六章　数智企业经营管理沙盘中的企业经营……86
一、企业经营本质分析……86
（一）企业生存……86
（二）企业盈利……87
二、企业经营关键点确定……88
（一）确定方案……88
（二）做预算……89
（三）原料及生产……89
（四）市场分析与投放广告……89
（五）选单、竞单……91
（六）信息收集与信息处理……91
三、资金管理……95
（一）股东资本……95
（二）融资……95
（三）出售生产线……95
（四）综合费用……95
（五）产品核算统计表……96
（六）利润表……97
（七）资产负债表……98
四、战略制定……99
（一）总体战略……99
（二）产品战略……99
（三）竞争战略……102
（四）资金运营战略……102
五、财务分析……102
（一）偿债能力分析……102
（二）营运能力分析……104
（三）盈利能力分析……106
（四）发展能力分析……107
（五）综合财务分析……108

附　　录……110
附录 A　比赛心得……110
附录 B　2023 年国赛规则一……113
附录 C　课程应用表格……118

后　　记……125

参考文献……126

绪论

一、数智企业经营管理沙盘实践课程的特点

（一）教学模式新颖

传统的教学方式往往是以教师的讲授为主，以学生的记忆为主。“数智企业经营管理沙盘实践”课程使原来的学生被动接受变成了主动参与，“学生学为主，老师教为辅”是沙盘实践课程的基本思路。课程采用的是具有竞赛性的教学模式，同时，通过分组实验方式，学生在实物沙盘和电子沙盘实验中随机分组，培养学生的团队合作和沟通能力。教师在教学中更多的是“指导”，而不是“参与”或“教导”，尽量做到不干扰学生思路，充分发挥学生自主分析、解决问题的能力。

（二）角色扮演

通过角色扮演实际参与企业经营管理沙盘实践是对企业运作过程的实训。主要涉及财务管理、供应链管理、生产制造管理、人力资源管理等，这些管理功能通过不同的岗位来完成。因此在实训过程中先按要求组成模拟公司，然后分为不同的部门，每个同学在自己所在的部门担任相应的角色，根据所给角色赋予的权限与职责完成岗位任务。具体来说，学生在虚拟的市场竞争环境中分别体验总经理、财务总监、生产总监、采购总监、营销总监、人力总监等角色的工作过程。学生通过处理在企业运营中遇到的问题从而体验竞争的残酷与决策的重要性，以此来全面提升管理能力。

（三）内容广泛、涉及多学科知识

在企业经营管理沙盘实践过程中，所涉及和涵盖的运营管理知识非常广泛。在管理环节，包括制定生产策略、依据目标市场确认产品特征、产品质量认证、柔性生产功能等内容。在管理的组织方面，主要涉及产品研发、生产线处置、产品生产、物料采购、库存管理等内容；在管理的控制方面，主要包括成本的控制、按订单生产、流程的控制等内容。其中，管理策略制定、生产计划编制、生产能力计算、物料需求管理的方法等相关知识能否得到灵活运用更是成为影响企业最终经营绩效的关键因素，因此对于企业生产总监的理论功底和应用能力不啻是一次真正的大考验。

（四）数智企业 + 经营管理全景

数智沙盘把企业运营所处的内外部环境抽象为一系列的规则，以便于学生快速形成企业经营管理的全景认知；同时将数智企业的新要素进行了有机融入，通过形象化的设计让学生切实感知企业数智化的过程和前后的对比，建立数智企业经营运营框架。

二、数智企业经营管理沙盘的必要性与意义

企业经营管理沙盘实践课程是一种体验式的互动学习。它不同于一般的以理论和案例为主的管理课程，它涉及整体战略、产品研发、设备投资改造、生产能力规划、物料需求计划、资金需求计划、市场与销售、财务经济指标分析、团队沟通与建设等多方面的内容。企业结构和管理操作全部展示在模拟沙盘上，每个学生都能直接参与模拟的企业运作，体验复杂、抽象的经营管理理论。了解并运用相关知识，掌握企业基本业务，深入理解企业经营管理知识，包括战略管理、营销管理、生产管理、人力资源管理与财务管理等；了解企业数智化与数智化转型基础知识，包括数智化概念、特征及数智化转型；了解经营管理大数据分析基础知识，包括营销大数据、生产大数据、财务大数据、人力大数据等。

要提高学生的学习积极性和主动性以及综合素质，先进的教学手段和方式方法是通往课程目标的捷径。企业经营管理沙盘实践课程，可以使教师和学生迅速知晓模拟企业的经营状况；而企业经营管理沙盘实践课程采用的“角色扮演+经营分析+咨询顾问”的教学方式和“体验式、探究式、竞争性自主学习”的教学方法极大地激发了学生的学习热情，学生的学习兴趣和学习动力空前高涨，为了夺取经营胜利，公司员工团结协作，各尽其责，在愉悦的氛围中体验企业运营的全过程，探究企业经营问题的解决办法，思考企业管理的真谛，掌握企业管理相关岗位的工作技能，培养企业需要的职业素质。除了初始阶段各个组的企业业绩相同外，其他时间段的企业业绩直接取决于各个组的决策，所以没有标准答案。企业经营管理沙盘实践教学为学生提供仿真的企业环境进行多角色演练。从让学生多角色演练入手，最终达到全方位培养综合素质的目的，以使学生走向社会后能找到最适合自己的角色岗位。通过练习锻炼学生应用计划、组织、领导、控制的方法，对采购、研发、生产、销售、财务核算、人力资源管理等企业流程实施管理；能理解并应用数智化企业的新型经营管理方式，如网络营销、智能生产、智能风控、数智人力、大数据分析等。让学生主动发现资源、运用资源及整合资源，通过探究式学习分析和解决问题，并进行创新思考和实践。

提高老师、学生的团队合作意识涉及财务管理、财务会计、市场营销、电子商务等多方面知识，企业经营管理沙盘模拟经营，需要充分利用师资结构，整合不同专业方向的教师组成导师团队，导师团队加入包括计算机、信息技术类专业教师，经济管理类专业教师，企业经营管理沙盘模拟课程指导教师等成员。在组织企业经营管理沙盘模拟经营对抗课程教学过程中，可以将不同专业的学生构成专业交叉班，突破以往专业课程都是按系组织、开设的界限。采用跨专业的组织教学形式不仅能够巩固学生本专业的知识，更有利于各个不同专业学生之间的思想与学识方面的交流，能够拓展学生知识面，有利于培养既博又专的综合型管理人才。

企业经营管理沙盘教学有助于创新型与应用型人才的培养。学生的专业知识、综合经营管理能力、创新意识和创业能力都能得到全面提升。该教学方式在更大地调动学生参与实验教学的热情并进行进一步深入地学习和研究的同时，也调动了学生的积极性和团队协作的意识。同样，在课程学习中，也让学生明白了企业对社会的重要意义，认识到企业家应当秉承的社会责任，以及团结、合作的重要性，做到诚信经营，树立正确的营销观。

三、数智企业经营管理沙盘的教学学时建议

本书的教学建议安排 32 学时，连续集中时间组织实训，可根据情况调整，其具体安排见表 0-1。表 0-1 中的教学内容中认知，企业经营管理沙盘属于第一、二章的内容；企业经营管理学习属于第三章内容；沙盘操作教学、规则讲解与引导年度经营操作、试经营、简单复盘、沙盘实操属于第四章内容；复盘与决策分析属于目录中第五、六章内容。本书包含但不限于表 0-1 中的基础教学内容。

表 0-1 沙盘实训教学学时安排表

序号	教学内容	素质要求	内容与要求	技能内容与要求	参考课时（理论 + 实践）
1	认知企业经营管理沙盘	发现问题、解决问题的能力；有良好的沟通协作能力和团队意识，有一定探究精神和创新意识	认知企业经营管理、认知沙盘模拟经营、团队组建	树立学生正确的民族企业观，讲述企业流程，使学生了解各岗位对企业建设的作用，讲解管理的理论知识，介绍企业管理与经营管理，丰富学生的管理理论知识； 讲解沙盘起源、分类，丰富学生对沙盘的概念； 使用红黑卡小游戏进行破冰活动，让组间快速熟悉，快速组队，确定组长、组名、口号，组长进行沙盘分工，以团队为单位进行展示，展现团队风采，增加向心力	3
2	企业经营管理学习		财务管理、生产管理、营销管理	介绍预算管理、筹资管理，提升学生对财务管理的理论知识，树立正确纳税观； 讲解生产管理理论知识，增强学生精益生产的意识，学会什么是以销定产； 讲解营销 4P 理论知识，制定营销策略，讲述 SWOT 分析方法，树立诚信经营观	3
3	沙盘操作教学		规则讲解	学习操作流程和规则	1
4	规则讲解与引导年度经营操作		沙盘规则讲解、引导年	讲述沙盘系统中标准案例的各项规则； 由讲师带领学员进行一年的引导年操作	2
5	试经营		试经营五年	独自完成经营五年	8
6	简单复盘		复盘分享	对试运营情况，进行复盘分析，对学生问题进行答疑	1
7	沙盘实操		简单讲解数智沙盘、实战经营	进行数智沙盘系统的讲解，认识数智企业与传统企业的区别； 自主操作五年，体验传统经营和数智经营的区别并进行总结	12
8	复盘与决策分析		复盘、决策分析、分享	根据学生经营情况，对各个小组进行准确复盘，包括为什么会出现失误情况，以及出现危急情况应当如何解决。对学员进行提问，对学生提出的疑问进行解答，对收获进行归纳整理，最后按照企业完整的经营流程，梳理实践过程中的疑难点	2
总结					32

四、数智企业经营管理沙盘的教学方法和教学手段

（一）教学方法

本课程使用的主要教学方法包括项目教学法、启发式教学法和任务驱动法等。

1. 项目教学法

将真实企业运营改造成教学项目的需求，通过项目分析分解出项目任务，引导学生自主实施项目，包括各岗位的实操，如财务总监要对现金流进行管控；生产总监要担负起企业生产线管理；人力总监应当招聘性价比较高的人员，为企业节约成本；营销总监的市场分析要到位等。每一个项目任务结束应当形成标志性的成果。让学生在做任务的过程中提升团队协作能力、职业能力，养成主动探究问题、团队协作思考并解决问题的习惯。

2. 启发式教学法

设计启发、诱导型的问题，将设问、答疑贯穿于教学的每一个环节，引发学生思考和讨论，启迪会计思维，树立成本意识，进而促进学生积极主动地学习，更好地激发学生的学习兴趣，加深对课程的理解。

3. 任务驱动法

课程充分利用实训平台等数字化教学平台，老师通过推送任务控制实训进程，学生在完成任务过程中学习。通过完成实训任务，加深学生对成本的理解，也可使学生自主地归纳出课程内容知识点，有助于职业判断能力的提升和探究精神、团队合作精神的培养。

（二）教学手段

本课程尽可能充分使用现代化教学手段，比如多媒体技术、实训平台和可连线企业现场的交互式双师课堂。

1. 多媒体技术

充分使用多媒体技术，比如电子课件、投影、视频、音频等，为学生提供课堂讲授和实操演示，使学生对课程建立全面的认识，并能按照操作演示的指引完成模拟操作。

2. 实训平台

课程可选择使用实训平台，平台不仅有可供随时随处访问的数字化教学资源，还具备智能助教功能、行为监控与评价功能、自动甄别功能等，可进行教学全过程评价，并对教学结果进行横向和纵向的数据分析。

3. 交互式双师课堂

可使用互联网直播、录播、多方实时协作的交互式双师课堂，连线企业专家、业界名师，开展远程教学、协同教学、线上与线下互动教学，实现优质资源共享，缩短校企之间距离。

五、数智企业经营管理沙盘的成绩评定

实训结束后，每个小组都会有一个实训成绩，按照总成绩的排名来确定实训成果，但是实训成果并不能充分反映学生的真实学习情况。虽然有的组破产了，但是在运营过程中，小组成员可能一直积极参与，从实训过程中领悟到很多经营的真谛，所以遵循鼓励参与、激励先进、营造氛围、体现公平的评价原则，下面给出一种较为科学的成绩评定方式。

实训课成绩 = 团队实训成果（30%）+ 团队表现（50%）+ 沙盘模拟总结报告（20%）

（一）团队实训成果

此次实训中可以把学员分成若干组，每组 4~5 名成员，分别代表不同的公司，每个小组的成员分别担任公司中的重要职位——总经理、财务总监、运营总监、销售总监，如果成员为 5 名，还可以设置采购总监等职务。各公司属于同一行业的竞争者，初始资源相同，大家在

相同的竞争环境下进行一番真正的较量。最后根据企业的所有者权益对各企业进行排名赋分，得出实训成果。

（二）团队表现

此部分占实验总成绩的50%，其中团队合作占10%；经营过程记录占20%；团队遵守运营规则占10%；经营总结分享占10%，以上分数按每组实际表现加减。

（三）沙盘模拟总结报告

此部分占实验总成绩的30%，企业经营分析报告撰写要求及评分标准如下：

（1）3 000字以上；图、表、文字配置实用、合理，排版美观、大方简洁、实用，格式合理，无错别字、病句。

（2）理论分析与实战操作结合，注重发现问题、分析问题和解决问题；经营财务统计数据充分，分析运用合理；具有创新思维。

（3）结构合理、条理清楚、观点准确，论证有说服力。解决问题建议具体、可操作、有说服力，感受和体会应实事求是。

第一章

企业经营管理沙盘

导入案例

中国速度

2008 年 5 月 12 日，四川省汶川县发生了一场里氏 8.0 级的特大地震，瞬间山河变色，家园破碎。灾情就是命令，时间就是生命。地震发生后不久，我国立即启动一级响应，中国建筑工程总公司（现为中国建筑集团有限公司）等多家大型国有企业以及各地的建设队伍迅速响应号召，在残垣断壁之上重建家园。数以万计的建设者从全国各地星夜兼程，涌入灾区，他们的身影在废墟间穿梭，用汗水和智慧书写着抗震救灾的新篇章。在这场没有硝烟的战争中，不同行业的企业再次展现了团结协作、共克时艰的精神。建材行业的企业，如中国建筑材料集团，紧急调配优质钢材、水泥等物资，确保重建工作的顺利进行；能源行业的国家电网有限公司，则是第一时间恢复灾区供电，点亮希望之光；家电行业的海尔、美的等公司捐赠大量生活电器，帮助受灾群众尽快恢复正常生活；通信领域的中国移动、华为技术有限公司迅速抢修受损通信设施，确保救援信息的畅通无阻。

值得注意的是，参与汶川重建的企业类型多样，从国有独资企业到股份有限公司，再到私营企业和外资企业，它们跨越了所有制界限，共同为灾区重建贡献力量。这不仅是企业社会责任的体现，也是中国特色社会主义市场经济体制下，各种经济成分能够有效协同、共同应对重大危机的生动例证。

正如汶川地震救援所展现的“中国速度”，汶川地震后的重建工作同样以超乎寻常的速度推进，不仅重建了房屋，更重振了人心。学校、医院、居民楼在短时间内拔地而起，基础设施得到全面升级，一个更加坚固、更具韧性的新汶川在废墟中重生，成为中国乃至世界灾后重建的典范。

汶川地震的救援与重建任务见证了中国力量的迅速集结与高效行动。众多企业参与了汶川地震的灾后重建工作，在此对他们的全力以赴和无私奉献致以最真挚的敬意！

感动于企业家的社会责任感之余，我们有没有发现一个问题？为什么这些企业的类型都各不相同？有限公司、股份有限公司、控股有限公司、有限责任公司等。

要解读这个问题，我们要先理解，什么是企业？

一、认知企业经营管理

（一）认知企业

1. 企业的定义及功能

企业是依法设立的，以营利为目的，运用各种生产要素（土地、劳动力、资本和技术等），向市场提供商品或服务，实行自主经营、自负盈亏、独立核算的法人或其他社会经济组织。企业的目标是创造财富（或价值），企业在创造财富（或价值）的过程中必须承担相应的社会责任。

企业是市场经济活动的主要参与者：创造价值是企业经营行为动机的内在要求，企业的生产状况和经济效益直接影响社会经济实力的增长和人民物质生活水平的提高。只有培育大量充满生机与活力的企业，社会才能稳定、和谐而健康地发展。

企业是社会生产和服务的主要承担者：社会经济活动的主要过程即生产和服务过程，大多是由企业来承担和完成的。许多企业要组织社会生产，通过劳动者，将生产资料（劳动工具等）作用于劳动对象，从而生产出商品，这个过程就是企业组织社会生产的过程，所以企业是社会生产的直接承担者。

企业是经济社会发展的重要推动力量：企业为了在竞争中立于不败之地，就需要不断积极采用先进技术，这在客观上必将推动整个社会经济技术的进步。企业的发展对整个社会的经济技术进步有着不可替代的作用。加快企业技术进步、加速科技成果产业化、培育发展创新型企业是企业发展壮大的重要途径。

2. 企业的分类

企业可以根据投资人的出资方式、责任形式、所有制结构、股东对公司所负责任等分为不同种类的公司：

（1）按出资人的出资方式和责任形式分为个人独资企业、合伙企业、公司制企业。

（2）按投资者的地区不同可分为内资企业、外资企业。

（3）按所有制结构可分为全民所有制企业、集体所有制企业、私营企业和混合所有制企业等。

（4）按股东对公司所负责任不同分为无限责任公司、有限责任公司、股份有限公司。

（5）按信用等级可分为人合公司、资合公司、人合兼资合公司。

（6）按公司地位类型可分为母公司、子公司。

（7）按规模可分为特大型企业、大型企业、中型企业、小型企业和微型企业。

（8）按经济部门可分为农业企业、工业企业和服务企业等。

（二）认知经营

1. 经营概念

早在两千五百多年前，我国古代第一部诗歌总集《诗经》里，《大雅·灵台》篇就有“经始灵台，经之营之”的诗句，这是“经、营”见于我国文字记载的最早记录，含义是经度营造。后来，司马迁把“经之营之”发展为“经营”一词来使用了。

现代经营有“策划并管理”之意。根据经营主体自身的资源状况和所处环境，对经营主体的长期发展进行战略规划和部署，制定明确的经营方针、经营目标的方法和手段。在企业中，经营的目的在于创造企业价值，追求效益最大化。

经营的意义在于筹划、谋划、计划、规划、组织、治理、管理，经营不是管理，经营更侧重于指动态性谋划发展的内涵；管理侧重于指使其正常合理地运转。

2. 经营要素

经营要素可以分为经营者、经营对象、经营权、经营载体、经营活动五大要素。

（1）经营者：既可以是单个人，也可以是几个人的集合，也可以是团体。从事商品生产、经营或提供服务的自然人、法人或其他组织都被称作经营者。一般我们把经营活动的主体统称为经营者，没有经营者就不可能有经营活动。不论路边的小商小贩还是写字楼里面的管理者、企业家，都属于经营者。

（2）经营对象：即经营活动的客体。经营对象是经营者把自己的经营活动加之于其上的东西。比如，企业的经营对象是物质资料；政府的经营对象是人类本身即社会。

（3）经营权：即实现经营的手段。经营权一般是指经营者对经营对象的占有、支配、使用和处理或规范并承担经营责任的权力。物质资料的经营权称为经济权力，它一般表现为企业经营权；社会的经营权称为政治权力，它一般体现为政府经营权。

（4）经营载体：一般指经营活动得以进行的组织。比如经济的载体一般是家庭或企业，而政治的载体却只能是政府。

（5）经营活动：指企业投资活动和筹资活动以外的所有交易和事项。是使经营目的得以实现的过程。所含范围很广，就工商企业来说包括销售商品、提供劳务、购买商品、广告宣传、缴纳税款等。

3. 企业经营

将企业和经营结合起来，就形成了企业经营，企业经营是根据企业的资源状况和所处的市场竞争环境对企业长期发展进行战略性规划和部署、制定企业的远景目标和方针的战略层次活动。它解决的是企业的发展方向、发展战略问题，具有全局性和长远性。它是企业或经营者有目的的经济活动，是经营者在国家的方针政策指导下，根据国家计划任务、市场需求状况及企业自身的需要，从本身所处的内外环境条件出发，对企业的经济活动进行的筹划、设计与安排等活动。

（三）认知管理

1. 管理的概念

管理是指一定组织中的管理者通过实施计划、组织、领导、控制、创新等职能来协调他人的活动，使别人同自己一起实现既定目标的活动过程，是人类各种组织活动中最普遍和最重要的一种活动。

近百年来，人们把研究管理活动所形成的管理基本原理和方法统称为管理学。作为一种知识体系，管理学是管理思想、管理原理、管理技能和方法的综合。随着管理实践的发展，管理学不断充实其内容，成为指导人们开展各种管理活动、有效达到管理目的的指南。

2. 管理的职能

每一项管理工作一般都是从决策开始，经过组织、领导到控制结束。各项职能之间相互交叉渗透，控制的结果可能导致新的决策，开始又一轮新的管理循环。如此循环不息，把工作不断地推向前进。创新在管理循环中处于轴心地位，成为推动管理循环的原动力。

同样，管理职能可以大体分为五大职能：决策职能，通过目标和计划的制定及行动的实施表现出来；组织职能，通过组织结构的设计和人员的配备表现出来；领导职能，通过领导者和被领导者的关系表现出来；控制职能，通过偏差的识别和纠正表现出来；创新职能，在其他管理职能创新所取得的效果中表现自身的存在与价值。

3. 经营与管理的关系

“经营”在“管理”的外延之中：经营管理是相互渗透的，我们也经常把经营管理放在一起讲，实际情况也是经营中的科学决策过程便是管理的渗透，而管理中的经营意识可以说是情商的体现。把经营和管理严格区分开来是误区，也是务虚的表现。

经营是对外的，管理是对内的：经营是对外的，追求从企业外部获取资源和建立影响；管理是对内的，强调对内部资源的整合和建立秩序。经营追求的是效益，要资源，要赚钱；管理追求的是效率，要节流，要控制成本。

经营与管理是密不可分的：忽视经营的管理是没有活力的，是僵化的，为了管理而管理，为了控制而控制，只会把企业管死；企业发展必须有规则，有约束，但也必须有动力，有张力，否则就是一潭死水。

经营是龙头，管理是基础：管理必须为经营服务。企业发展的规律就是“经营—管理—经营—管理”交替前进，就像人的左脚与右脚。如果撇开管理只抓经营是行不通的，管理扯后腿，经营就前进不了。相反地，撇开经营光抓管理，就会原地踏步甚至倒退。

二、认知沙盘模拟经营

（一）沙盘的历史背景

秦始皇在修建陵墓时，在自己的陵墓中堆建了一个大型的地形模型。模型中不仅砌有高山、丘陵、城池等，而且还用水银模拟江河、大海，用机器装置使水银流动循环，可以说，这是最早的沙盘雏形，至今已有 2 200 多年历史，如图 1-1 所示。

图 1-1　最早的沙盘雏形

最早有记录的沙盘在中国南朝宋范晔撰《后汉书 · 马援传》已有记载：汉建武八年（公元 32 年），光武帝征伐天水、武都一带地方豪强隗嚣时，大将马援“聚米为山谷，指画形势”，使光武帝顿有“虏在吾目中矣”的感觉。

1811 年，普鲁士国王腓特烈 · 威廉三世的文职军事顾问冯 · 莱斯维茨，用胶泥制作了一个精巧的战场模型，用颜色把道路、河流、村庄和树林表示出来，用小瓷块代表军队和武器，陈列在波茨坦皇宫里，用来进行军事游戏。后来，莱斯维茨的儿子利用沙盘、地图表示地形地貌，以算时器计算军队和武器的配置情况，按照实战方式进行策略谋划。这种“战争博弈”就是现代沙盘作业。

19 世纪末和 20 年代初，沙盘主要用于军事训练，第一次世界大战后，才在实际中得到广泛运用。随着电子计划技术的发展，出现了模拟战场情况的新技术，为研究作战指挥提供了新的手段，如图 1-2 所示。

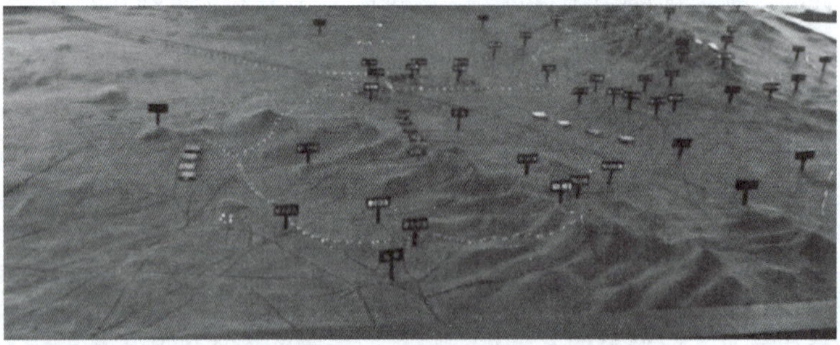

图 1-2　军事训练沙盘

（二）沙盘的分类

（1）地形沙盘：地形模型是以微缩实体的方式来表现地形地貌特征，并在模型中体现山体、水体、道路等路，主要表现的是地形数据，使人们能从微观的角度来了解宏观的事物。地形模型的应用范围极其广泛，主要运用的行业有政府、交通、水利、电力、公安指挥、国土资源、旅游、军事等。

（2）建筑沙盘：建筑模型是以微缩实体的方式来表现建筑艺术的，无论是单体的造型、还是群体的组合，都是如实地表达建筑思想的构造，将建筑师的意图转化成具体的形象。

（3）管理沙盘：管理沙盘起源于 20 世纪的欧洲，于 21 世纪初由用友公司推广使用。最早是用来模拟一个企业生产运营的关键环节——整体战略规划、市场营销、产品研发、市场开发、资金筹集、生产管理、固定资产的投资和改造、财务管理等部分。在后期的发展中，逐渐也有了决策模拟、商业模式模拟等分支。

（三）企业经营管理沙盘

20 世纪 50 年代美国哈佛大学的 MBA 教学中，沙盘作为教学工具正式走进了管理的教学课堂。这一教学方式借鉴了古代军事沙盘和建筑沙盘的原型特点，将一个企业生产运营的关键环节——整体战略规划、市场营销、产品研发、市场开发、资金筹集、生产管理、固定资产的投资和改造、财务管理等部分设计为运营的主要内容。学生通过角色扮演和岗位体验，置身于真实的企业经营，体会经营企业的压力和喜悦。

经过数十年的发展，沙盘由最初的物理沙盘演变成如今广受学生喜爱的电子沙盘，不仅仅是时代的改变，更是课程的需要。传统的理论教学可以满足学生在知识层面的补充，但缺少实践。电子沙盘可以帮助学生在未进入社会之前，提前感受企业的经营流程，学习企业中各方面知识，通过体验的方式，学习企业中的点点滴滴。图 1-3 所示为管理沙盘经典管理画布，展示了企业的销售、生产和供应之间的关系。这个模型可以帮助企业更好地理解它们的业务流程，并找到改进的机会。

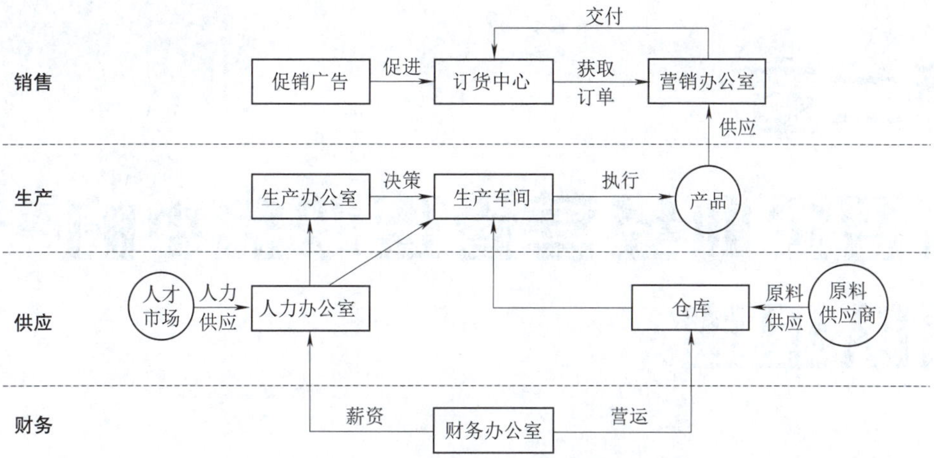

图 1-3　管理沙盘经典管理画布

在这个模型中有四个主要部分：销售、生产、供应和财务。其职责和任务分别如下：

（1）财务办公室负责薪资等资金管理和支付供应商款项等财务工作。

（2）供应部门由人力办公室和仓库组成。人力办公室负责从人才市场招聘员工，并为其他部门提供支持；仓库则负责储存和购买原材料以及储存产品。

（3）生产部门包括生产办公室和生产车间。生产办公室负责决策，生产车间根据这些决策进行执行，生产相应数量和要求的产品。

（4）销售部门负责制订产品的促销广告和获取订单。他们通过营销办公室与客户沟通并获取产品订单。

通过管理沙盘经典管理画布，读者可以了解各个部门之间是如何相互协作以实现公司目标的，同时也能发现哪些环节可能存在瓶颈或者需要优化。

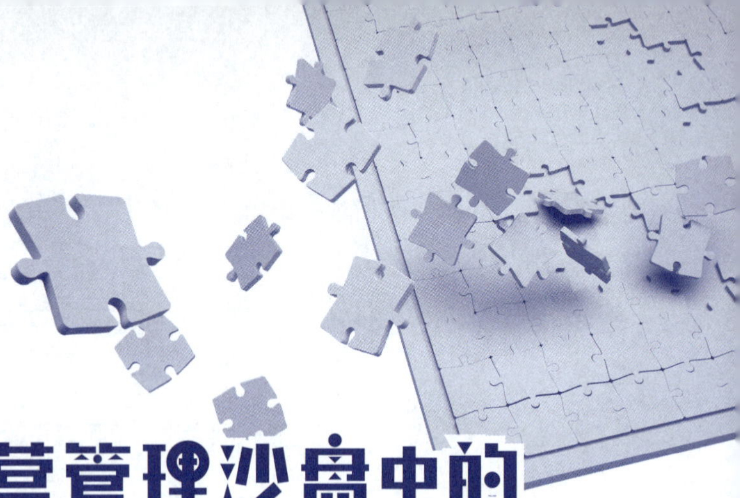

第二章
数智企业经营管理沙盘中的团队组建

导入案例

美团网2023年的营收达到2 767亿元。美团的成功其实并非偶然，其关键在于对团购市场的深刻理解和正确的战略决策。早在2011年，美团就通过推出未消费过期包退、建立呼叫中心、推出商家半自动结款系统等措施，稳固了市场地位。相应的一些团购企业的失败，主要因为他们未将核心力量放在经营客户上，而是期望通过资本先圈地再深耕，但这样的策略往往导致无法真正深入市场。美团则不同，它始终将资源投入到培养团队和获得商户信任上，这为其后来的成功打下了坚实的基础。

美团领导者的战略眼光得到了时间的验证。同时，美团网通过对于团队的精细化管理和创新策略，如推出“三板斧”策略，实现了交易额的快速增长。美团的管理层以产品经理型为主，通过改变组织结构、确立销售管理制度以及执行“狂拜访，狂上单”策略，推动了业绩增长。美团始终坚信科技是第一生产力，通过不断改进IT系统，全方位提升团队的执行效率，同时也十分注重线下团队的管理和培训。

美团的成功在于其对市场的深刻理解、正确的战略决策、对于团队的精细化的管理以及整个团队所体现出来的持续的创新精神。这些因素共同构成了美团的核心竞争力，也为其未来的发展奠定了坚实基础。

了解美团的成功经验后，我们不禁思考：在一个公司中，什么最重要？是敏锐的市场洞察力、正确的战略决策、对团队精细化的管理，还是团队持续的创新精神？如果让你组建队伍，你会组建具有哪些品质的团队？

一、认知数智企业经营管理沙盘

（一）企业数智化

企业数智化是以企业数字化建设为基础，以自动化数据处理为手段，通过数据智能平台来赋能业务经营和管理，发挥数据的价值。企业数智化是三中台架构建设与企业的业务高度融合，通常包括数据中台、AI中台、业务中台的建设。中台其实是为前台业务的敏捷赋能而生，通过建设中台而对前台实现“瘦身”，提升前台更灵活的创新调度能力，更好地与用户需求，与市场战略调整进行敏捷持续的对接。

1. 数据中台

数智化并不是凭空产生的，而是基于企业的数字化基础，是对企业数字化的继承和发展。企业在完成数字化转型之后，进一步实现智能化升级。

2. AI 中台

数智化与数字化的关键区别是在于“智能”，这需要借助一系列 AI 技术。这里的 AI 特指应用于企业管理和业务流程中的智能技术，包括数据挖掘、知识图谱、自然语言理解、数据可视分析、图像识别、语音识别等。其中，最核心的就是数据挖掘，从数据中提炼有效信息，用于赋能企业管理和业务开展。

3. 业务中台

数智化的核心是通过数据智能工具、平台来赋能企业的经营管理和业务，发挥数据的价值。所以，企业数智化转型升级成败的关键，是数据智能产品是否能够与企业的业务高度融合。如果不能融入企业业务流程中，再好的数据智能工具都只是一个摆设。

企业数智化转型和建设来看大体分为以下七个步骤：资源数字化、流程数智化、管理可视化、决策智能化、物联数智化、数据可信化、体验沉浸化，如图 2-1 所示。

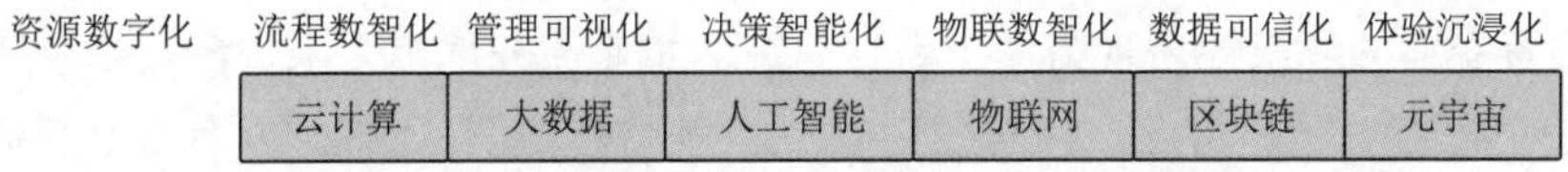

图 2-1　企业数智化

（二）数智企业经营管理沙盘的概念

数智企业经营管理沙盘以数智企业的经营管理流程及决策为核心，将数据作为企业的重要资源与生产要素，通过企业信息化、数智化转型、全面数智化三个经营阶段，直观体验并全面了解新一代数字与智能技术给企业带来的生产变革、经营变革和管理变革。

数智企业经营管理沙盘课程的基础背景设定为一家已经经营若干年的小型生产制造企业，此课程将会把参加学员分成若干小组，每组 4~5 人，每组各代表不同的虚拟公司，在这个训练中，每个小组的成员将分别担任公司中的重要职位（总经理、财务总监、营销总监、运营总监等），若干公司是同行业中的竞争对手。他们从先前的管理团队中接手企业，在来自其他企业（其他学员小组）的激烈竞争中，将企业向前推进、进行数智化转型，直到完全成为数智化企业。

涉及企业经营的全流程，知识体系包含战略管理、营销管理、财务管理、生产管理、信息化管理等学科知识，让学员亲身体验一个企业管理的完整流程，包括资金流、物流、信息流的协同，理解企业实际运动中各个部门与管理人员的相互配合；让学员理解资金流，明确现金流控制的重要性，体现企业财务管理的全部流程以及贷款、融资、资产回报率、权益回报率等对绩效考核的作用；让学员理解物流，企业中销售订单、原料采购、产品销售、生产、库存等物流管理的相互协调，以及产销排程、成本控制、合理开支等概念的理论和方法；理解信息流，明确市场战略、分析与预测企业营销环境，找准市场的切入点、合理进行市场投入、品牌建设，以及深刻剖析竞争对手，出其不意，攻其不备；让管理人员相互配合，理解企业岗位职能的作用，以及知识管理的重要性。

二、组建企业团队

(一)团队的概念

团队是由基层和管理层人员组成的一个共同体，它合理利用每一个成员的知识和技能协同工作，解决问题，达到共同的目标。

团队的构成要素总结为5P，分别为目标(purpose)、人(people)、定位(place)、权限(power)、计划(plan)。团队和群体有着根本性的一些区别，群体可以向团队过渡。一般根据团队存在的目的和拥有自主权的大小将团队分为五种类型：问题解决型团队、自我管理型团队、多功能型团队、共同目标型团队、正面默契型团队。

(二)组建企业团队

1. 企业及其组织形式

典型的企业组织形式有三种：个人独资企业、合伙企业和公司制企业。

1)个人独资企业

个人独资企业是由一个自然人投资，全部资产为投资人个人所有，全部债务由投资者个人承担的经营实体。个人投资企业是非法人企业，不具有法人资格。

个人独资企业具有创立容易、经营管理灵活自由、不需要缴纳企业所得税等优点。

个人独资企业的局限性表现为：①需要业主对企业债务承担无限责任，当企业的损失超过业主最初对企业的投资时，需要用业主个人的其他财产偿债；②难以从外部获得大量资金用于经营；③个人独资企业所有权的转移比较困难；④企业的生命有限，将随着业主的死亡而自动消亡。

2)合伙企业

合伙企业通常是由两个或两个以上的自然人(有时也包括法人或其他组织)合伙经营的企业。它是由各合伙人遵循自愿、平等、公平、诚实信用原则订立合伙协议，共同出资、合伙经营、共享收益、共担风险的营利性组织。合伙企业分为普通合伙企业和有限合伙企业。

(1)普通合伙企业由普通合伙人组成，合伙人对合伙企业债务承担无限连带责任。

(2)有限合伙企业由普通合伙人和有限合伙人组成，普通合伙人对合伙企业债务承担无限连带责任，有限合伙人以其认缴的出资额为限对合伙企业债务承担责任。

合伙企业的生产经营所得和其他所得，按照国家有关税收规定，由合伙人分别缴纳所得税。

合伙企业的优点和缺点与个人独资企业类似。此外，合伙企业法规定普通合伙人对企业债务须承担无限连带责任。如果一个合伙人没有能力偿还其应分担的债务，其他合伙人须承担连带责任，即有责任替其偿还债务。法律还规定合伙人转让其所有权时需要取得其他合伙人的同意，有时甚至还需要修改合伙协议。

由于合伙企业与个人独资企业存在着共同缺陷，所以一些企业尽管在刚成立时以独资或合伙的形式出现，但是在发展到某一阶段后都将转换成公司的形式。

3)公司制企业

公司(或称公司制企业)是指由投资人(自然人或法人)依法出资组建，有独立法人财产，自主经营、自负盈亏的法人企业。

公司是经政府注册的营利性法人组织，并且独立于所有者和经营者。根据中国现行的公司法，其形式分为有限责任公司和股份有限公司两种。

有限责任公司简称有限公司，是指股东以其认缴的出资额为限对公司承担责任，公司以其全部财产为限对公司的债务承担责任的企业法人。根据《中华人民共和国公司法》的规定，必须在公司名称中标明“有限责任公司”或者“有限公司”字样。

股份有限公司简称股份公司，是指其全部资本分为等额股份，股东以其所持股份为限对公司承担责任，公司以其全部财产对公司的债务承担责任的企业法人。

有限责任公司和股份有限公司的区别包括：

（1）公司设立时对股东人数要求不同。设立有限责任公司的股东人数可以为 1 人或 50 人以下；设立股份有限公司，应当有 2 人以上 200 人以下为发起人。

（2）股东的股权表现形式不同。有限责任公司的权益总额不作等额划分，股东的股权是通过投资人所拥有的比例来表示的；股份有限公司的权益总额平均划分为相等的股份，股东的股权是用持有多少股份来表示的。

（3）股份转让限制不同。有限责任公司不发行股票，对股东只发放一张出资证明书，股东转让出资需要由股东会或董事会讨论通过；股份有限公司可以发行股票，股票可以依法转让。

2. 企业组织架构

企业组织架构的本质是为了实现企业战略目标而进行的分工与协作的安排，组织架构的设计要受到内外部环境、发展战略、生命周期、技术特征、组织规模人员素质等因素影响，并且在不同的环境、不同的时期、不同的使命下有不同的组织架构模式。因此只要能实现企业的战略目标，增加企业对外竞争力，提高企业运营效率，就是合适的组织架构。组织架构得好，可以形成整体力量的汇聚和放大效应，否则，就很容易形成“一盘散沙”，甚至造成力量相互抵消的“窝里斗”局面。

企业的组织架构是企业管理的基础和载体，是企业生产经营管理功能的具体表现。从一定程度上讲，企业之间的竞争就是企业“效率”的竞争，而这个“效率”很大程度上有赖于合理的组织架构。符合企业发展特点的组织结构能够大力推动企业的发展，提高企业的核心竞争力；反之，则会成为企业发展的障碍。

企业组织架构设计没有固定的模式，根据企业生产技术特点及内外部条件而有所不同。但是，组织架构建设的思路与章法还是能够借鉴的，一般来说要解决好以下四个问题：

（1）职能结构。一项业务的成功运作需要多项职能共同发挥作用，因此在组织架构设计时首先应该确定企业经营需要哪几个职能，然后确定各职能间的比例与相互之间的关系。具体指实现组织目标所需的各项业务以及比例和关系。其考量维度包括职能交叉、职能冗余、职能缺失、职能割裂、职能分散、职能分工过细、职能错位、职能弱化等方面。

（2）层次结构。层次结构是指管理层次的构成及管理者所管理的人数。其考量维度包括管理人员分职能的相似性、管理幅度、授权范围、决策复杂性、指导与控制的工作量、下属专业分工的相近性。

（3）部门结构。部门结构是指各管理部门的构成（横向结构）。其考量维度主要是一些关键部门是否缺失或优化。

（4）职权结构。职权结构是指各层次、各部门在权力和责任方面的分工及相互关系。主要考量部门、岗位之间权责关系是否对等。

本书采用情景模拟、群体分享、分组操作、教师点评等形式相结合的形式。在数智管理沙盘模拟实战演练时，学员自行分成若干个组，每组选择作为总经理角色、财务总监角色、销售总监角色、运营总监角色，四个角色构成一个企业，即作为一个实验小组，各企业之间进行对抗与竞争，完成 2~6 个年度的企业经营活动。

3. 总经理角色任务

在数智企业经营管理沙盘实验中，总经理负责组织季度会议，分配季度工作任务，接收经营反馈，制定经营策略，对企业整体经营结果负责等管理经营工作。

总经理具体承担职责如下：

（1）总经理应向公司董事会负责，全面组织实施董事会的有关决议和规定，全面完成董事会下达的各项指标，并将实施情况向董事会汇报。

（2）负责宣传贯彻执行国家和行业有关法律、法规、方针、政策。

（3）根据董事会的要求确定公司的经营方针，建立公司的经营管理体系并组织实施和改进，为经营管理体系运行提供足够的资源。

（4）主持公司的日常各项经营管理工作，组织实施公司年度经营计划和投资方案。

（5）负责召集和主持公司总经理办公会议，协调、检查和督促各部的工作。

（6）根据市场变化，不断调整公司的经营方向，使公司持续健康发展。

（7）负责倡导公司的企业文化和经营理念，塑造企业形象。

（8）负责代表公司对外处理业务，开展公关活动。

（9）负责公司信息管理系统的建立及信息资源的配置。

（10）签署日常行政、业务文件，保证公司经营运作的合法性。

（11）负责公司人力资源的开发、管理和提高。

（12）负责公司安全工作。

（13）负责确定公司的年度财务预、决算方案，利润分配方案和弥补亏损方案。

（14）负责公司组织结构的调整。

（15）负责组织完成董事会下达的其他临时性、阶段性工作和任务。

4. 销售总监角色任务

在数智企业经营管理沙盘实验中，销售总监实际上是负责整个企业的销售的“掌舵人”。营销总监负责制造企业产品与服务的实际销售。通过确定销售领域、配额、目标来协调企业的销售工作。

销售总监具体承担以下岗位职责：

（1）负责组织拟订公司的营销计划、销售预测和具体的战略目标、战略措施，负责具体的实施工作，确保各期营销计划及销售目标的完成。

（2）根据公司的营销策略及营销计划，负责向下属部门进行任务分解。

（3）定期对市场营销环境、目标、计划、业务活动进行核查分析，及时调整营销策略和计划，制定预防和纠正措施，确保完成营销目标和营销计划。

（4）主持制定公司营销管理有关的销售政策、规章制度、实施细则和工作程序，经批准后组织实施。

（5）组织监督、检查各项制度的执行情况，确保部门日常管理的有序进行。

（6）负责公司年度营销费用预算。

（7）负责公司营销费用的审核，确保营销费用的合理性。

（8）开展对客户、市场、竞争对手的调查研究，针对市场和竞争对手的动向制定应对措施，巩固原有市场，开发新市场，提高品牌形象。

（9）根据市场需求状况报批新产品开发方案。

（10）全面负责公司客户信息的管理，妥善处理客户营销层面的投诉问题。

（11）监督、检查客户服务及售后情况，确保服务质量不断提高。

（12）组织建立健全营销组织，建立并拓展公司的营销网络，开发并巩固目标市场。

（13）定期召开公司营销工作会议，全面准确地把握公司的营销运营情况。

（14）审阅营销系统及其相关的文件，在权限范围内签发文件。

（15）及时向总裁汇报营销系统的真实情况及有关数据。

（16）培养和发现人才，根据工作需要按程序申请招聘和调配直接下属，负责直接下级岗位人员任用的提名和各级下级岗位人员的任命。

（17）指导、监督、检查所属部门的各项工作，掌握工作情况和相关数据。

（18）负责协调营销部与公司其他部门之间的工作关系。

（19）完成领导临时交办的工作。

5. 运营总监角色任务

在整个沙盘中，运营总监将销售总监制定的销售计划转换为近期企业的主导生产供货计划、材料需求计划及成品分销供货计划，然后采购相应原材料和设计相应的图纸等，并组织安排与管理相应的生产计划，再将生产出的成品通过销售订单，调往经销商和零售商那里，保证满足客户的需求。

运营总监具体承担以下岗位职责：

（1）根据公司战略目标及经营计划，合理配置设备、人员、场地等生产资源，满足产能需求。

（2）负责车间制造管理，包括生产、工艺工程、设备运维、规划并完成组织生产目标。

（3）负责对生产车间员工进行工作技能和安全操作规范的培训。

（4）负责对生产车间设备的管理和维护。

（5）负责监督车间员工做好品质自检工作。

（6）监控生产人员规范操作方法，确保生产现场的安全和清洁。

（7）具备良好的制造管理经验，能够带领团队，发挥较好的团队合作精神。

（8）具备良好的组织、领导能力，能够承受高强度的工作压力。

（9）根据排产计划安排生产工作，安排和协调人员、物料、设备等的准备工作，确保生产进度。

（10）建立生产进度、安全、质量等体系制度、规章制度，负责生产、设备、安全检查、生产统计等管理制度的拟定、检查、监督等。

（11）监督和管理生产现场及人员，推进生产现场的6S管理，落实公司安全生产教育。

（12）监督生产设备的运作和日常维护及保养工作。

（13）全面管理公司的品质工作，根据客户、订单、工艺标准制定统一的检验标准，编制进料、制程、成品检验的质量检验。

6. 财务总监角色任务

在数智企业经营管理沙盘实验中，财务总监是整个企业的财务负责人，负责组织制定企业年度财务预算，建立健全财务核算体系和内控制度，建立成本控制体系，完善现金流管理，为企业重大投资等经营活动提供财务决策支持。对于一个企业而言，良好的财务状况和健康的财务体系往往起着至关重要的作用。

财务总监具体承担以下岗位职责：

（1）负责公司的财务管理工作，建立、健全公司内部财务管理制度并组织实施，确保公司财务体系的高效运转。

（2）根据集团公司中、长期经营计划，制定财务战略规划和控制标准。

（3）主导公司上市整个过程中的财务配套相关工作。

（4）对公司重大投资、融资、并购等经营活动提供建议和决策支持，参与风险评估、指导、跟踪和控制。

（5）领导公司的财务管理、成本管理、预算管理、会计核算、会计监督、税务筹划等模块的流程及内控体系建立。

（6）根据公司经营计划制订年度财务工作计划，并组织实施。

（7）根据相关财务管理制度组织制定公司的各项财务管理制度、内部控制制度及实施细则、工作流程完善和规范公司财务管理体系。

（8）制订公司资金运营计划，监督资金管理报告和预、决算，负责公司财务管理、会计核算、成本控制、资金管理及税务事宜的总体运作。

（9）指导和督促财务部及时完成会计报表的编制，并对会计报表的准确性负责。

（10）监督和检查公司财务及相关业务活动的真实性、有效性，及时发现和制止违反公司财务制度的行为，确保公司资产和资金的安全。

（三）分岗位工作

在沙盘对抗实训中，要将所有的学员分成若干个团队，团队就是由少数有互补技能、愿意为了共同的目的、业绩目标和方法而相互承担责任的人们组成的群体。而在每个团队中，各学员分别担任重要职位，包括CEO、财务总监、营销总监、生产总监和采购总监等职位。在经营过程中，团队的合作是必不可少的。要想打造一支高效的团队，应注意以下几点：

1. 有明确的共同目标

团队必须共同发展，并且要共同完成一个目标，这个目标可以使团队的成员向相同的方向努力，能够激发每个团队成员的积极性，并且使队员行动一致。团队要将总体的目标分解为具体的、可度量的、可行的行动目标。这些具体的目标和总体目标要紧密结合，并且要根据情况随时相应地修正。比如团队确立了自己六年发展的总目标，还要分解到每一年和每一季度具体如何运营。

2. 确保团队成员互补的能力

团队必须要发展一个完善的能力组合，比如担任财务总监的成员就要比较细心，对财务的相关知识有一定的了解，而担任CEO职务的人就应该具备比较强的协调能力和组织能力等。

3. 有一位团队型领导

在经营过程中需要作出各种决策，这就需要 CEO 能够统领全局，协调各部门之间的关系，充分调动起每个学员的积极性，还要能够做出正确的决策。要成为一个高效、统一的团队，团队领导就必须学会在缺乏足够的信息和统一意见的情况下及时作出决定。对于团队领导而言，最难做到的莫过于避免被团队内部虚伪的和谐气氛所误导，并采取种种措施，努力引导和鼓励适当的、有建设性的良性冲突。将被掩盖的问题和不同意见摆到桌面上，通过讨论和合理决策将其加以解决，否则，将对企业的发展造成巨大的影响。

4. 履行好各自的责任

各学员应该按照自己的职位职责进行经营活动，而且应该把自己的工作做好。比如采购总监就应该负责原材料的采购，如果出现差错，会直接影响到以后的生产，而生产的产品数量又影响到交单的情况。所以一个小环节的疏漏，可能会导致满盘皆输。

此外，作为团队中的一员，首先要尊重别人。法国哲学家罗西法古曾说过："如果你要得到仇人，就表现得比你的朋友优越；如果你要得到朋友，就要让你的朋友表现得比你优越。"因为谁都在自觉不自觉地强烈维护着自己的形象和尊严，因此我们要给予对方充分的尊重。其次要能够接受批评，从批评中寻找积极成分。如果团队成员对你的错误大加抨击，即使带有强烈的感情色彩，也不要与之争论不休，而是从积极方面来理解他的抨击。这样，不但对你改正错误有帮助，也避免了语言敌对场面的出现。最后要善于交流，同在一个团队，我们与其他团队成员之间会存在某些差异，知识、能力、经历造成我们在对待和处理问题时会产生不同的想法。交流是协调的开始，把自己的想法说出来，听对方的想法，我们要经常说这样一句话："你看这事该怎么办，我想听听你的看法。"总之，作为一名员工应该做到坦诚而不轻率，谨慎而不拘泥，活泼而不轻浮，豪爽而不粗俗，和其他团队的成员融洽相处，提高自己团队的作战能力。

（四）公司成立

引例　一家小型生产制造企业从事 P 系列产品的制造行业。该企业长期专注 P 产品的生产与经营，目前生产的 P1 产品在当地市场知名度很高，客户满意度较高。企业也拥有自己的生产设备，虽无法达到最先进，但怀旧系列的产品仍受客户欢迎。

最近，一些机构对该行业进行大范围调研分析后，认为 P 系列产品能够达到客户要求，进行技术改良后，将会收获大量新用户，于是公司董事会决定将企业交给一批职业新人去发展，他们希望新的管理层能够做到以下几点：

（1）投资新品开发，让公司的市场地位得到提升；

（2）开发全新的市场，进一步拓展市场新领域；

（3）扩大生产规模，使用新设备与新手段，提升生产效率。

新的管理层将由诸位参加课程的各组学员担任，那么，下一步将要成立自己的公司。

1. 公司的名称

公司名称是公司的称呼，作为独立法人的公司，必须要有自己的名称。必须在公司章程中予以记载，是公司登记的必要事项。

公司名称必须用文字表示，以便人们称呼。一般应包括：①公司种类。应标明属何种公司，例如无限公司、有限公司等，不能只标明公司。②具体名称。除法律限定的外，一般由当事人自由选定。③营业部类。法律不作硬性规定，可有可无。④公司所在地名称。公司名称代表公司的商业信誉和技术水平，一经核准登记，公司即取得对该名称的专有使用权。公司名称可以转让。

2. 公司的 logo

logo 是徽标或者商标的外语缩写，是 logotype 的缩写，起到对徽标拥有公司的识别和推广的作用，通过形象的徽标可以让消费者记住公司主体和品牌文化。网络中的徽标主要是网站用来与其他网站链接的图形标志，代表一个网站或网站的一个板块。

在 logo 设计之初，应站在品牌战略的高度，为品牌设计有一定包容性的标志，为品牌长远发展提供延伸空间。

logo 作为企业标志需要具有以下特征：

（1）标志本身的线条作为表现手段传递的信息需要符合品牌战略，降低负面联想或错误联想风险。

（2）标志色彩作为视觉情感感受的主要手段、识别的第一元素，须将品牌战略精准定位，用色彩精准表达。

（3）标志外延含义的象征性联想须与品牌核心价值精准匹配。

（4）标志整体联想具备包容性及相对清晰的边界，为品牌长远发展提供延伸空间。

（5）标志整体设计传递的气质须符合品牌战略，整体气质具备相对具体的、清晰的、强烈的感染力，实现品牌的气质识别。

3. 公司的愿景

愿景是一种由组织领导者与组织成员共同形成，具有引导与激励组织成员的未来情景的意象描绘，在不确定和不稳定的环境中，提出方向性的长程导向，把组织活动聚焦在一个核心焦点的目标状态上，使组织及其成员在面对混沌状态或结构惯性抗力过程中能有所坚持，持续依循明确方向、步骤与路径前进；并且借由愿景，有效培育与鼓舞组织内部所有成员提升职能，激发个人潜能，促使成员竭尽全力，增加组织生产力，达到提升顾客满意度的组织目标。因此，愿景受到领导者及组织成员的信念和价值观、组织的宗旨等影响，是一种对组织及个人未来发展预期达成未来意象的想法，它会引导或影响组织及其成员的行动和行为。

企业愿景又称公司愿景、企业远景，简称愿景、远景或远见，在 20 世纪 90 年代盛行一时。所谓愿景，由组织内部的成员所制订，借由团队讨论，获得组织一致的共识，形成大家愿意全力以赴的未来方向。所谓愿景管理，就是结合个人价值观与组织目的，通过开发愿景、瞄准愿景、落实愿景的三部曲，建立团队，迈向组织成功，促使组织力量极大化发挥。

愿景形成后，组织负责人应对内部成员做简单、扼要且明确的陈述，以激发内部士气，并应落实为组织目标和行动方案，具体推动。

一般而言，企业愿景大都具有前瞻性的计划或开创性的目标，作为企业发展的指引方针。在西方的管理论著中，许多杰出的企业大多具有一个特点，就是强调企业愿景的重要性，因为唯有借助愿景，才能有效地培育与鼓舞组织内部所有人，激发个人潜能，激励员工竭尽所能，增加组织生产力，达到顾客满意度的目标。

企业的愿景不只专属于企业负责人所有，企业内部每位成员都应参与构思制订愿景与沟通共识，通过制订愿景的过程，可使得愿景更有价值，企业更有竞争力。

企业愿景是企业领导者对企业前景和发展方向的一种高度概括。它是一个企业的领导用以统一每个企业员工的思想和行动的有力武器。它由企业的核心理念和未来的展望两部分组成。愿景是推动企业超越环境的动力，可能涉及企业的创新战略。企业愿景是企业战略发展的重要组成部分。企业愿景是指根据企业现有阶段经营与管理发展的需要，对企业未来发展方向的一种期望、一种预测、一种定位，并通过市场的效应，及时有效地整合企业内外信息渠道和资源渠道，以此来规划和制定企业未来的发展方向、企业的核心价值、企业的原则、企业的精神、企业的信条等抽象的观念或姿态，以及企业的使命、存在意义、经营方针、事业领域、核心竞争力、行为方针、执行力度等细微性的工作。从而让企业的全体员工及时有效地通晓企业愿景赋予的使命和责任，使企业在“计划—实行—评价—反馈”的循环过程中不断增强自身解决问题的能力。

愿景是一幅充满激情的“巨大的画面”，能帮助企业员工意识到在企业中他们应该去做的事情。同时，愿景反映了企业的价值观。一家企业的愿景比较持久，而企业的使命会根据不断变化的外部条件发生变化。愿景的表述最好相对简短和明确，而且容易记忆。

让每个人都能享受科技的乐趣，和用户做朋友，做用户心中最酷的公司。

——小米科技的愿景

把数字世界带入每个人、每个家庭、每个组织，构建万物互联的智能世界。

——华为的愿景

4. 公司的宣言

企业常青的秘密是什么？企业员工的精神动力来自哪里？企业对外鲜明一致的形象是如何创造的？海尔、联想、TCL、惠普等知名公司将企业文化手册完全公开，通过这些文字，我们可以了解卓越公司文化修炼的精髓。

文化宣言是企业经营的灵魂，它概括了企业的立业宗旨、未来目标与核心使命，是企业经营哲学中最关键的内容。宣言始终为企业指明前进的方向，指导着企业的经营策略、管理作风、产品研发、薪酬体系等所有细节。认真地遵守和执行企业的宣言，是企业基业长青的关键所在。

5. 公司成立路演

公司成立路演是指公司在成立过程中，通过向投资者、媒体和其他利益相关者展示公司的商业模式、产品和服务，以获取资金和宣传推广的过程。

以下是公司成立路演的一些步骤和要点：

（1）准备材料：在路演前，需要准备一份详细的公司介绍，包括公司的历史、愿景、目标、产品或服务的特点、市场前景等信息。同时，还需要准备一份商业计划书，详细描述公司的商业模式、运营计划、财务预测等信息。

（2）确定目标受众：在路演前，需要确定目标受众，包括投资者、媒体、潜在客户等。针对不同的受众，需要准备不同的演示文稿和演讲内容。

（3）精心制作演示文稿：在路演中，演示文稿是向受众展示公司的重要工具。演示文稿应该简洁明了、具有吸引力，突出公司的特点和优势。

（4）演讲技巧：在路演中，演讲技巧非常重要。演讲者需要清晰、自信、有说服力地介绍公司的商业模式、产品和服务，同时回答受众的问题和疑虑。

（5）展示公司的优势：在路演中，需要突出展示公司的优势和特点，如创新的产品或服务、独特的技术、市场前景等。

（6）吸引投资：在路演中，除了宣传公司外，还需要向投资者展示公司的商业价值和发展潜力，以吸引他们投资。

总之，公司成立路演是公司成立过程中非常重要的一步。通过路演，公司可以向投资者和其他利益相关者展示自己的优势和价值，获取资金和资源支持，为公司的长期发展打下坚实的基础。

第三章 数智企业经营管理沙盘中的企业目标与战略

一、确定企业目标

企业经营的目标是生存、发展与获利。企业生存是发展的前提，在发展中求生存，企业盈利才有存在的价值。在资源有限的情况下，更科学更合理地运用企业有限的资源，合理采购、合理组织生产、合理调度资金、科学决策，以最低的成本获取最大的利润，努力实现企业利润最大化。实际上，企业的经营过程就是管理企业资源的过程。通过对企业内外资源的优化配置，消除生产经营过程中的无效劳动和资源浪费，实现企业整体的信息流、物流、资金流的有机集成，将企业的所有资源充分调配和平衡优化，为企业加强财务管理、提高资金运营水平、建立高效率供应链、减少库存、提高生产效率、降低成本、提高客户服务水平等提供保障，提高企业的盈利能力，建立竞争优势，提高市场竞争力。

ERP 沙盘模拟将企业的基本状况以沙盘或电子沙盘的形式展现出来，并模拟出一个企业运营的各个关键环节。将各环节作为 ERP 沙盘模拟主要内容，企业经营管理所涉及内外部环境设计为一定的规则，这些规则可以由使用者根据具体情况设定。使用者按适宜的原则分成若干个相互竞争的模拟企业，由其自主经营管理各自的企业，通过模拟企业若干年的经营，让使用者通过市场分析制定出各自的经营战略，制定出自己的营销策划方案，然后组织生产，销售自己所生产的产品，收回货款，经营过程中进行财务核算和财务管理。

经过若干组、若干年、若干次的沙盘模拟经营推演，从中选出多套备选方案，由决策层从中选出若干套最切合木企业实际的实施方案，提高企业决策的科学性、严谨性，促进企业整体经营管理水平的提高。

（一）战略管理方面

有一个科学、合理、明确的企业发展战略是企业经营管理是否成功的关键。经过 ERP 沙盘模拟，在全面综合分析内外部环境以及相关数据的基础上，经过多轮、多方案、多年的模拟经营推演，综合考虑各方面因素，最后得出的备选方案基本概括了各种变数，可为企业决策层制定战略决策奠定坚实可靠的基础。

（二）财务管理方面

企业的财务管理以企业财务活动为主线，以财务分析、财务预算、财务决策为体系，以筹资管理、投资管理、营运资金管理、利润分配为主要内容，并准确及时地做出会计核算，将会计核算的数据准确及时地提供给各有关使用该数据的部门及个人。

财务管理在现实的经济环境中强调其前瞻性、准确性、及时性、集成性。由于企业所选择的实施方案是经过 ERP 沙盘模拟多方案推演的，推演过程中已经充分考虑了各方面的因素，宏观财务数据均在预期的范围，这就保证了其前瞻性、准确性、及时性和集成性，实现了财务数据资源的共享。

（三）生产管理方面

在 ERP 体系中，生产环节是制造企业最复杂也是最核心的环节。生产管理在提高效率、降低成本、加快资金周转、减少库存等方面是非常重要的环节。生产环节要严格按照 ERP 沙盘模拟实施方案的要求进行精益生产安排，实现单元产品生产计划的一致性，避免造成产品积压、增加库存、产品流动慢等不良现象。

（四）市场营销管理方面

对于以销售为主导的生产型企业来说，市场营销管理举足轻重。如何以适当的价格制造适合需求的产品，以适宜的分销渠道和促销手段把产品投放到恰当的市场位置，从而让需求者以最低的成本获得最高的价值回报是市场营销管理的目标。企业经营管理的根本就是要保证企业的生存和发展，而要想做到企业能生存和发展，就要增加企业的利润，扩大销售，增加销售收入。所以市场开发和市场营销要利用自己有限的资源来满足客户的需求，实现产品的销售，了解消费者或客户的需求，制定合适的市场营销战略，制定并有效地实施市场开拓与市场营销计划，以实现企业总体的战略目标。

二、制定经营战略

市场经济条件下，越来越多的企业意识到：企业经营犹如在波涛汹涌的大海中航行，虽有风平浪静，更有惊涛骇浪。我们知道，航船要驶向希冀的彼岸，就离不开罗盘和舵柄。企业要在瞬息万变的环境里生存和发展，就离不开企业战略。

（一）企业战略的含义

在一定的时间内，企业只能做有限的事，因此目标一定要明确。企业战略是指在市场经济条件下，企业为谋求长期生存和发展，在充分分析外部环境和内部条件的基础上，以正确的指导思想，对企业主要目标、经营方向、重大经营方针、策略和实施步骤做出长远的、系统的和全局的谋划。

（二）企业战略的内容

一个完整的企业战略应该包括以下几个内容：

1. 外部环境与内部条件分析

企业要实现其作为资源转换体的职能，就需要达到外部环境和内部条件的动态平衡。要了解外部环境中哪些会为企业带来机遇，哪些会对企业形成威胁。进而了解企业内部资源条件是否充足、资源配置是否合理，只有全面把握企业的优势和劣势，才能使战略不脱离实际。SWOT 分析（strengths 、weaknesses、opportunities 和 threats）是制定企业战略时可以参照的一种方法。采用这种决策方法的根本目的是把自己公司和竞争对手公司的优势、劣势、机会和挑战进行比较，然后决定某项新业务或新投资是否可行。做 SWOT 分析有利于自己的公司在做新业务前判断清楚该业务是否能充分发挥自己的长处且避免短处，以趋利避害，是否能化劣势为优势，化挑战为机遇，对于竞争对手也要进行相关分析和对比，以做到知己知彼，百战不殆，从而降低公司的经营和投资风险。

2. 战略目标

战略目标就是要回答：企业在一个较长的时间里要完成什么？这个目标要体现时间限制、可计量，具有总领性和现实可行性。

3. 经营方向

经营方向指明了企业现在可以提供的产品与服务领域以及在未来一定时期内决定进入或退出、决定支持或限制的某些业务领域。它为企业活动确定了界线。

4. 经营策略

经营策略规定了企业如何利用其自身资源开展业务活动以求实现战略目标。它应具体地规定企业管理阶层的工作程序和决策规则，研究和规划企业的经营重点，部署资源，明确企业的主要职能领域，如营销、生产、R&D、人力资源、财务等方面的工作方针及相互关系的协调方法。

5. 实施步骤

实施步骤规定了一个战略目标需要分为几个阶段及每个阶段所要达到的阶段目标。由于战略目标是一个立足于长远发展的目标，因此不可能一蹴而就，客观上需要循序渐进，同时在战略方案的长期实施过程中，外部环境与内部资源条件不可能一成不变，分阶段实施战略目标，可以帮助企业有机会对其行为效果做出回顾和评价，以期对战略方案作出适当调整，从而更有效、更现实地追求战略目标。

6. 选择战略

在 ERP 沙盘模拟课程中，企业管理层通过网络、经济周刊等渠道获得一定时期有关产品、价格、市场发展情况的预测资料，结合企业现有资源情况进行战略选择。在此举几个例子。

（1）我们想成为什么样的公司？规模（大公司或小公司），生产产品（多品种、少品种），市场开拓（许多市场，少量市场），努力成为市场领导者还是市场追随者？为什么？

（2）我们倾向于何种产品？何种市场？企业竞争的前提是资源有限，在很多情况下，放弃比不计代价地获取更明智，因此需要管理者作出决定，有限的资源是在重点市场、重点产品投放，还是全面铺开？

（3）我们计划怎样拓展生产设施？有三种生产设施（手工生产线、智能生产线、标准生产线）可供企业选择，每种生产设施的购置价格、生产能力、灵活性等属性各不相同。企业目前生产设施陈旧落后，若想提高生产能力，必须考虑更新设备。图 3-1 对三种可选设备进行了比较分析：智能生产线的生产能力和灵活性均较好；手工手产线灵活性好，生产能力弱；标准生产线生产能力强，但缺乏灵活性。

（4）企业计划采用怎样的融资策略？资金是企业运营的基础。企业融资方式是多种多样的：发行股票、发行债券、银行存款、应收账款贴现等。每种融资方式的特点及适用性都有所不同，企业在制定战略时应结合企业的发展规划，做好融资规划，以保证企业的正常运营，控制资金成本。

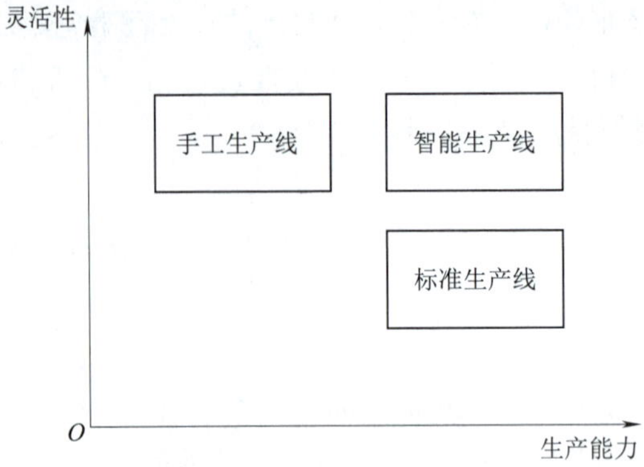

图 3-1　三种可选生产设备比较

7. 战略调整

企业战略不是一成不变的，而是根据企业内外部环境的变化和竞争对手的发展情况动态不断调整的。每年经营下来，都要检验企业战略的实战性，并且根据以后年度的市场走势预测，结合公司自身优势和劣势，调整既定战略。

第四章 数智企业经营沙盘管理的任务操作

一、管理员任务

在浏览器中正确访问产品地址后，在用户登录界面“请输入用户名”处输入管理员账号“admin”，初始密码为“1234567890Www.”，单击“登录”按钮，即可开始操作，如图 4-1 所示。

图 4-1 管理员登录

登录后，界面左侧显示管理员端功能菜单：教师管理、标准案例管理、规则导入、账号管理，如图 4-2 所示。

图 4-2　管理员功能菜单

（一）教师管理

使用“教师管理”功能可新增教师，并进行基本信息的维护，包括姓名、密码、使用时间期限等。同时也支持删除过期教师信息，方便进行管理。单击“教师管理”菜单，跳出管理界面。单击“添加”按钮，弹出“添加老师”对话框，如图 4-3 所示。

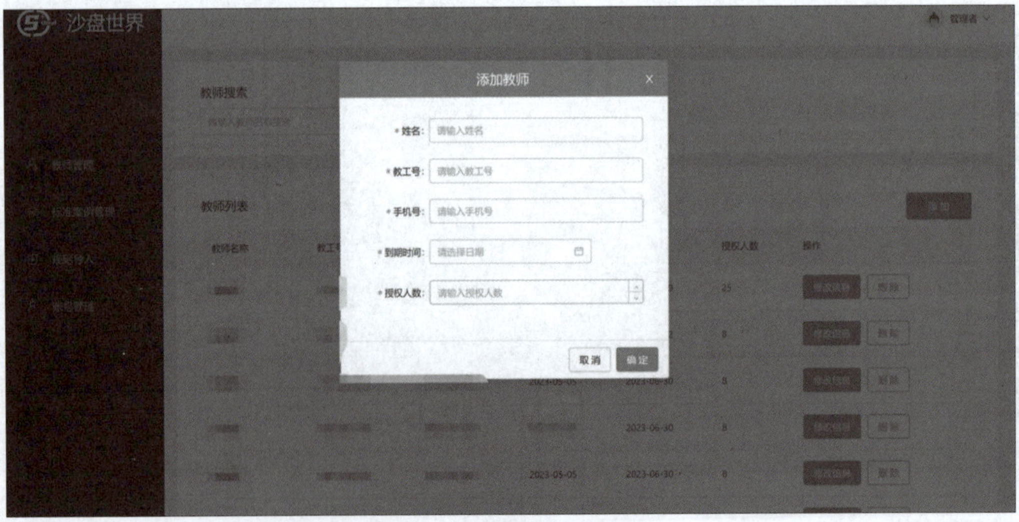

图 4-3　“添加教师”对话框

在编辑框内，输入新增教师的“姓名”“教工号”“手机号”“时间期限”“授权人数”。添加教师成功界面如图 4-4 所示。

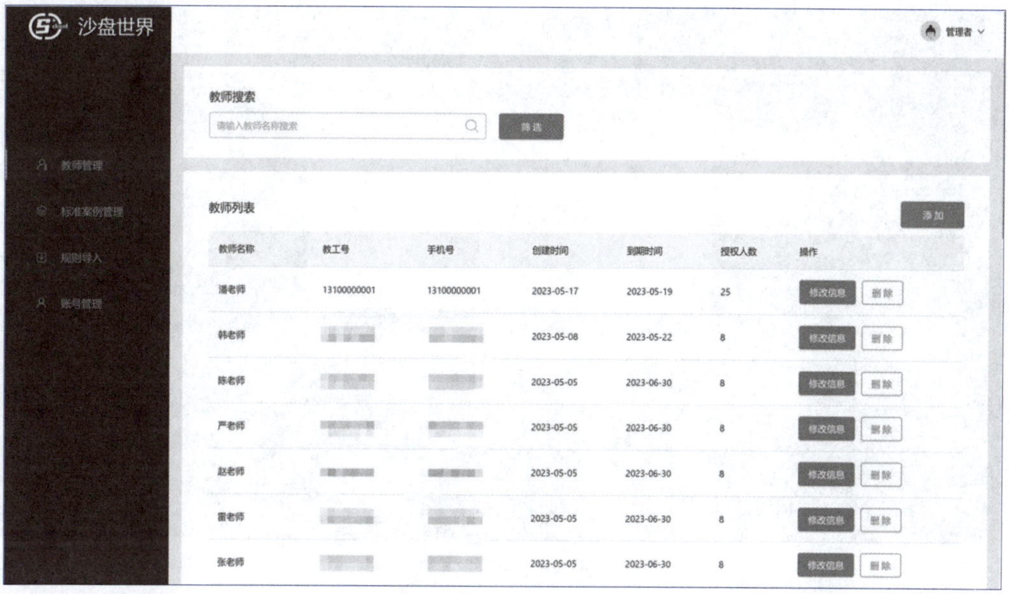

图 4-4 成功添加

（二）标准案例管理

单击“标准案例管理”菜单，管理员可以查看当前学习平台下标准案例的使用状态，并可单击链接快速激活，如图 4-5 所示。

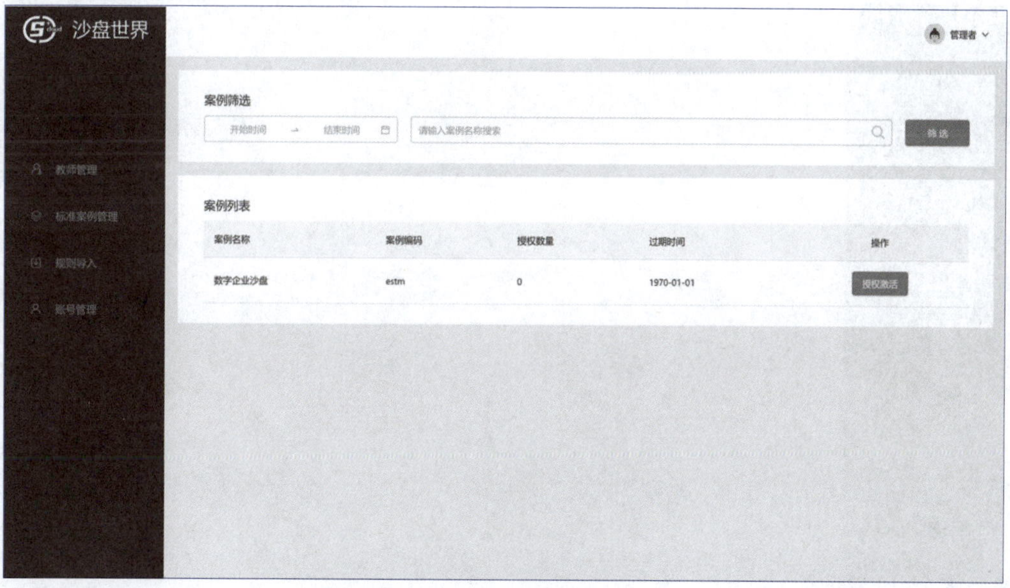

图 4-5 标准案例管理

（三）规则导入

管理员可以导入教师所使用的标准规则，标准规则所有教师均可使用。

单击“规则导入”菜单，打开“导入规则”对话框，如图 4-6 所示。

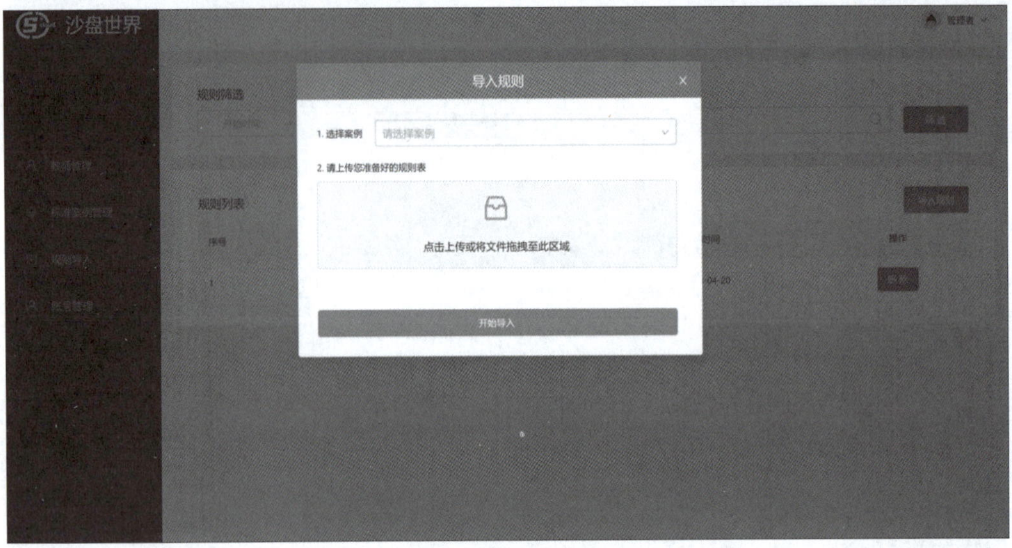

图 4-6　规则导入

将规则文件导入对应案例中，单击“开始导入”按钮，关闭对话框后，页面将展示该平台下所导入的所有规则。

在此界面可单击“删除”按钮，删除对应的规则。删除后，所有的教师将不能再使用该规则，如图 4-7 所示。

图 4-7　规则展示

（四）账号管理

管理员可通过账号设置自主维护信息，包括昵称、头像、密码。

单击“账号管理”菜单，在“密码”选项卡下修改管理员账号密码，如图 4-8 所示。

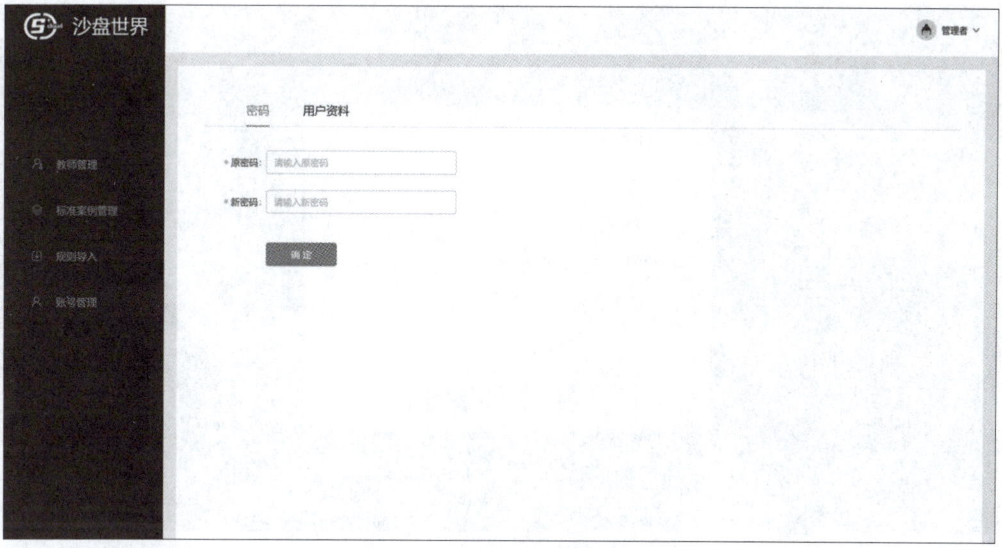

图 4-8　管理员密码修改

单击“用户资料”选项卡，还可对用户名及头像进行自主设置，如图 4-9 所示。

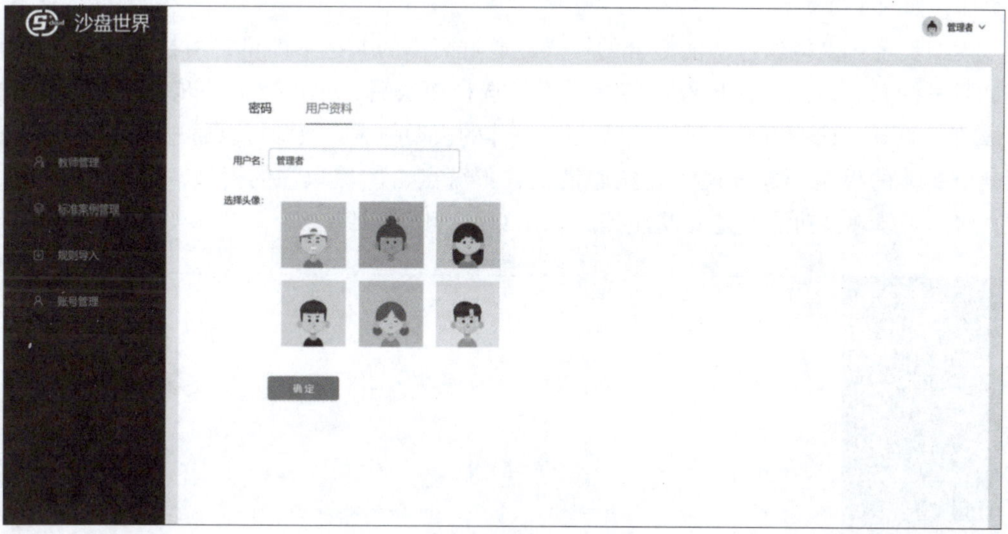

图 4-9　管理员用户名和头像设置

二、教师端的任务

（一）案例开发

教师账号可以在案例开发中进行模型设定、时间轴设定以及规则维护。教师首次登录时，需要先进行案例开发，新建一个可用案例。

单击右上方图标新建案例，在弹出的“新建案例”对话框中输入案例名称，选择案例模板，添加课程学期，如图 4-10 所示。单击“新建案例”按钮，打开新建案例页面；根据页面引导，输入相关信息，标 * 选项为必填项；单击“确定”按钮创建案例。

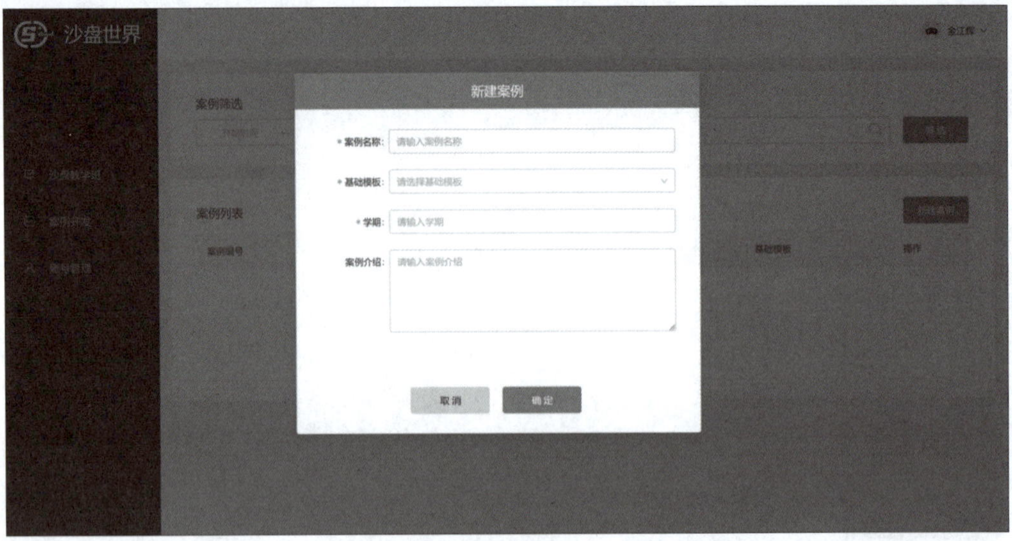

图 4-10　新建案例

新建案例成功后，教师可对案例进行 DIY 设计，单击“编辑案例”按钮，进入案例编辑页面，如图 4-11 所示。

模型设定：支持通过功能组合的模式，通过简单的勾选，即可自由拼装沙盘的模型，DIY 开发沙盘，以配合区域经济特色教学。选择模块后，单击“下一步”按钮，提示操作成功，如图 4-12 所示。页面罗列了沙盘整体的模型列表，教师可以通过勾选，选择或取消某个具体的模型，部分模型是核心模型，不可点击。被取消的模型，在此案例中的实训，将不再体现该功能。完成设置后，单击“下一步”按钮。

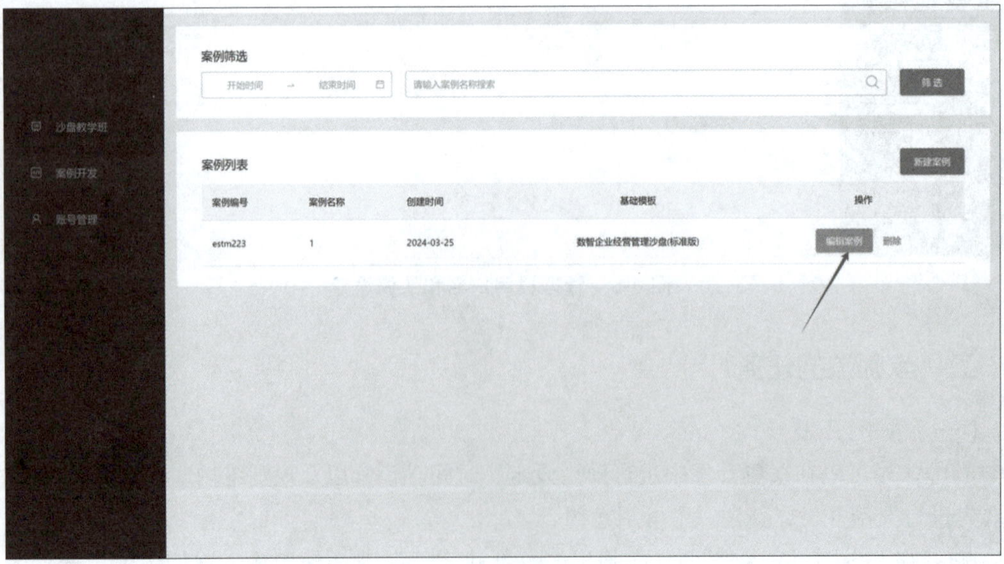

图 4-11　编辑案例

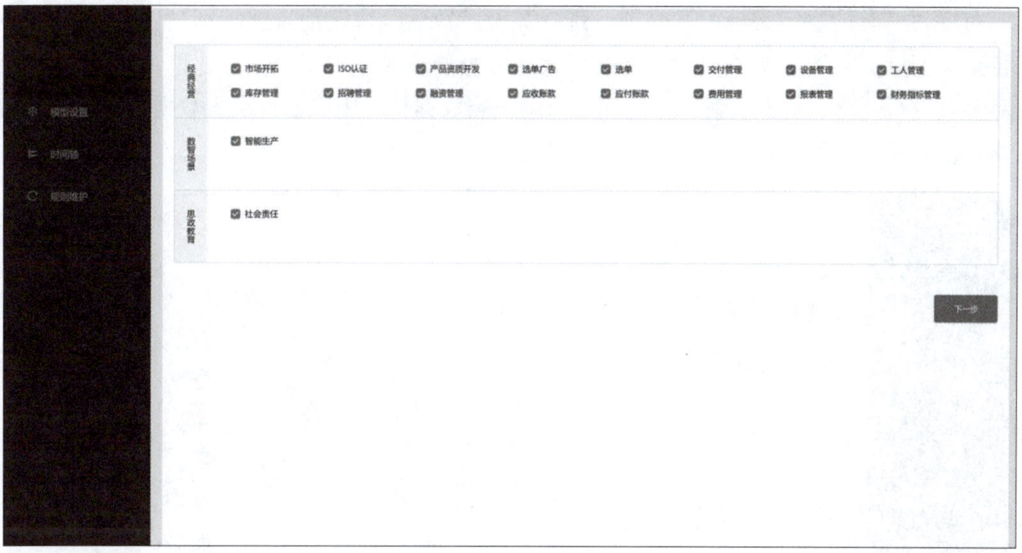

图 4-12　模型设置

时间轴设定：支持调整实训的经营时长，2 ~ 6 个会计年自由调整，适配多种课程组织模式，如图 4-13 所示。操作为单选，为此案例选择经营时间最短为 2 年，最长为 6 年，勾选后，即可单击“下一步”按钮。

图 4-13　时间轴设置

教师可进行规则维护，如图 4-14 所示。系统会默认有 3 套规则（由管理员导入），默认规则不可直接操作，可通过复制的方式进行自建，自建规则可编辑、复制和删除。

单击“复制”按钮后，支持自由调整该规则内各项规则的参数，更改名称与数值，细化特色案例开发，还支持导出文件和展示图片，如图 4-15 所示。规则名称可重新定义，输入后单击“确定”按钮保存设定。

可通过“智能自定义规则”功能，选择关键参数后，快速地调整规则，还可以通过“手工自定义规则”细致地调整规则，系统将大部分可调整参数用表格罗列，单击“编辑”按钮可对参数进行调整，单击“新增”按钮，新增一条数据行，用户自行录入数据，单击“删除”按钮，删除最后一条数据。

图 4-14 规则维护

图 4-15 规则编辑

单击最后的规则，使用并导出，规则定义完成后，可单击“使用并导出”按钮导出规则文件，文件会自动下载一个 RLUE 格式的文件和一个展示规则的图片，教师可将文件通过管理员导入，变成系统规则，如图 4-16 所示。

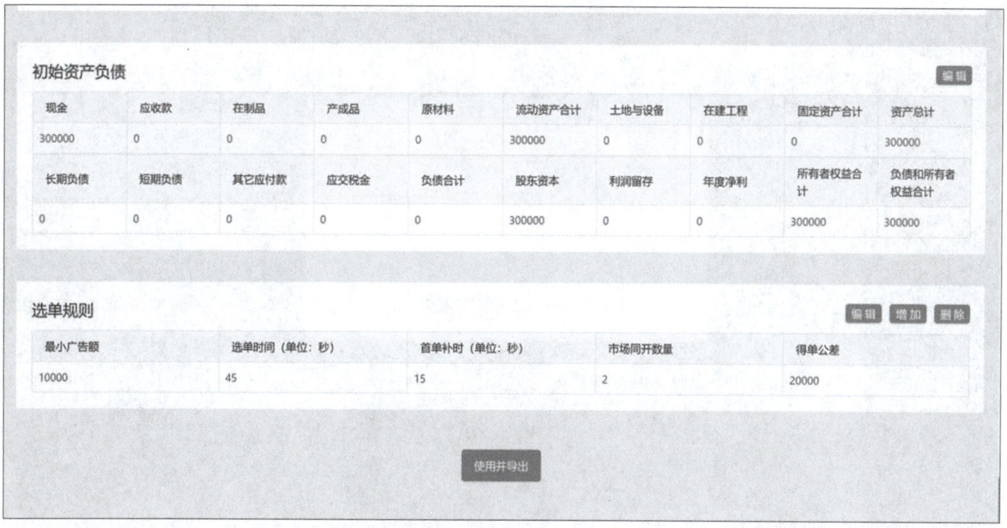

图 4-16　规则导出

（二）沙盘教学班管理

1. 课程及实训建立

初次进入教师账号时，无教学班，教师需要自行创建，单击“新建班级”按钮，创建教学班，如图 4-17 所示。

根据弹出的页面，填入相应的内容，标 * 的项目都是必填项，单击“确定”按钮即可新建教学班，之后，单击“进入班级”按钮即可进入教学班中。

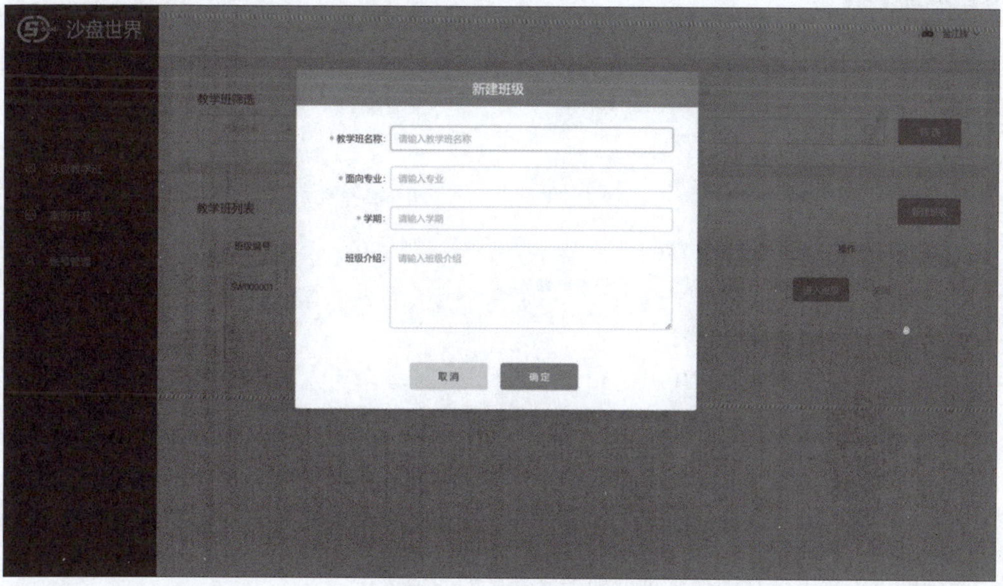

图 4-17　新建教学班

进入班级后，默认选中左侧边栏的“沙盘实践”菜单，单击页面中的“新建实践”按钮，弹出“新建实践”对话框，根据页面内容，输入相应的信息；带 * 的项目均为必填项，单击“确定”按钮，创建一个实训，如图 4-18 所示。

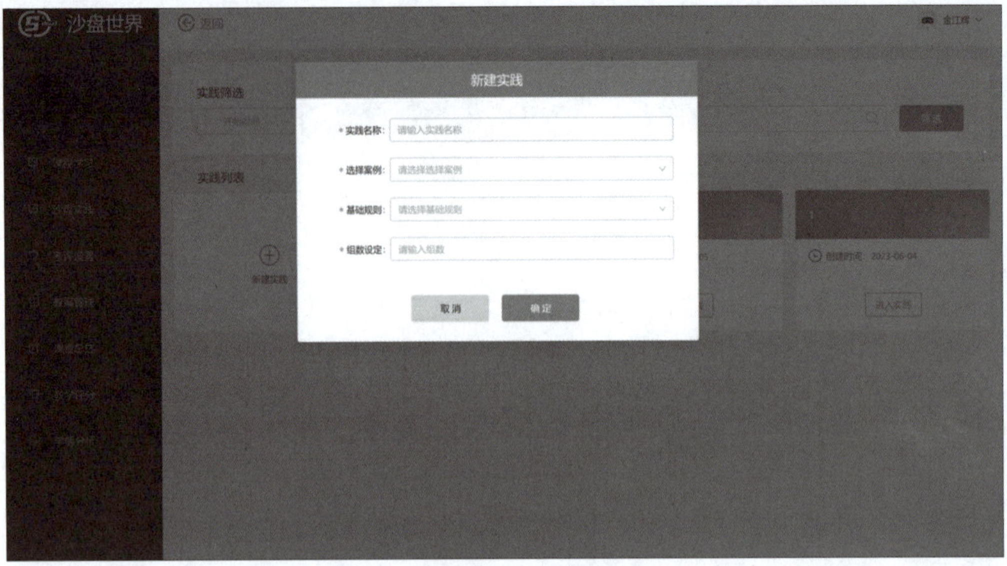

图 4-18　建立实训

2. 课程学习

课程学习：支持教师在线播放学习课件，如图 4-19 所示。

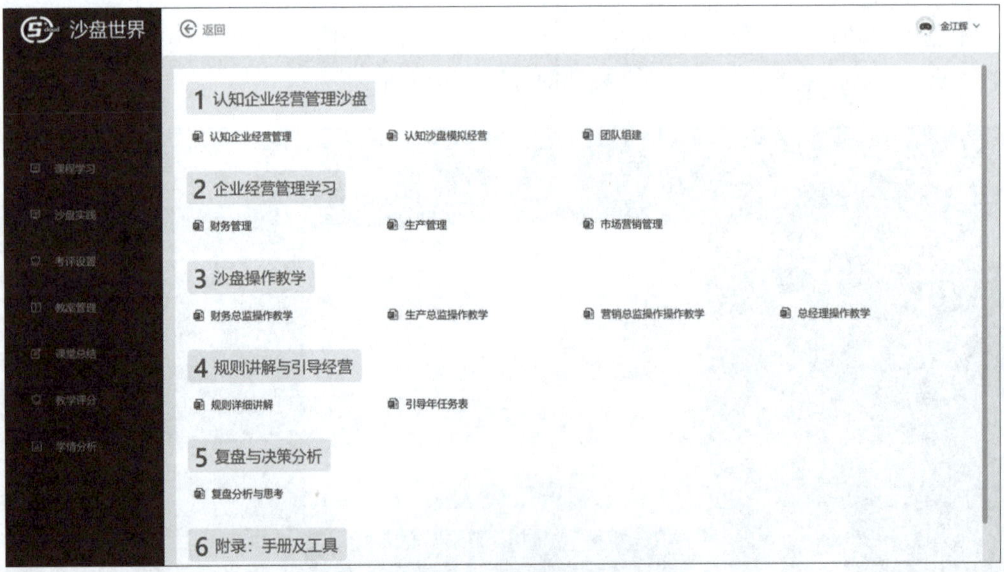

图 4-19　在线课程学习

3. 考评设置

教师可以设置考评规则，多维度地考察学生的学习成果。

教师可单击左侧侧边栏的“考评设置”菜单，进入考评设置页面，本页面展示考核类型名称和得分的方式，教师可以设置各个考核方式的权重，权重之和要等于 100%，如图 4-20 所示。

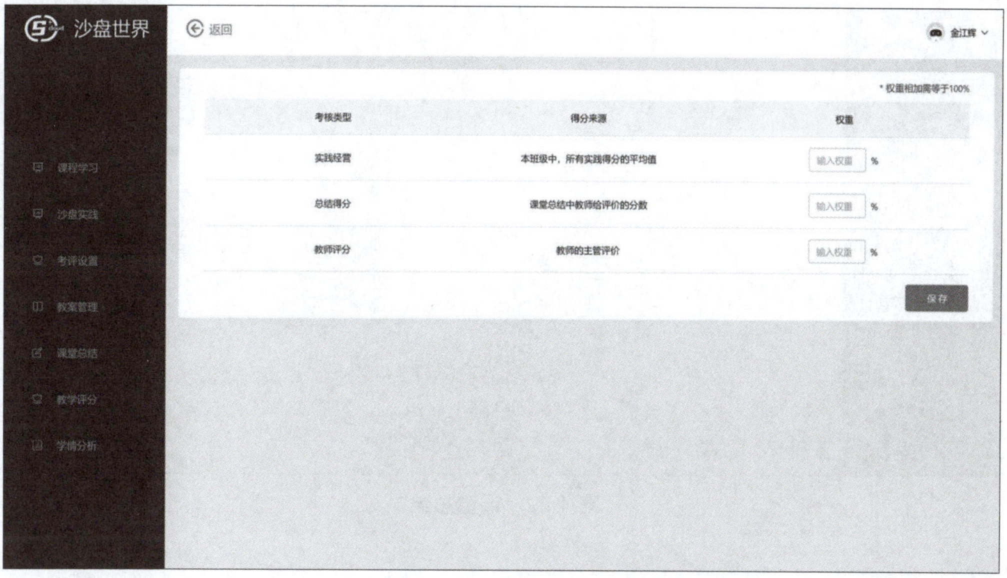

图 4-20　考评设置

4. 教案管理

教师可以支持自行上传教案，支持在线播放。单击左侧侧边栏“教案管理”菜单，进入教案。单击“上传教案”按钮可上传所需教案，支持 pdf、ppt、word 格式，可以在线查看教案文档，支持无纸化的教学方式，可用选项卡展示教案名称、创建时间，如图 4-21 所示。

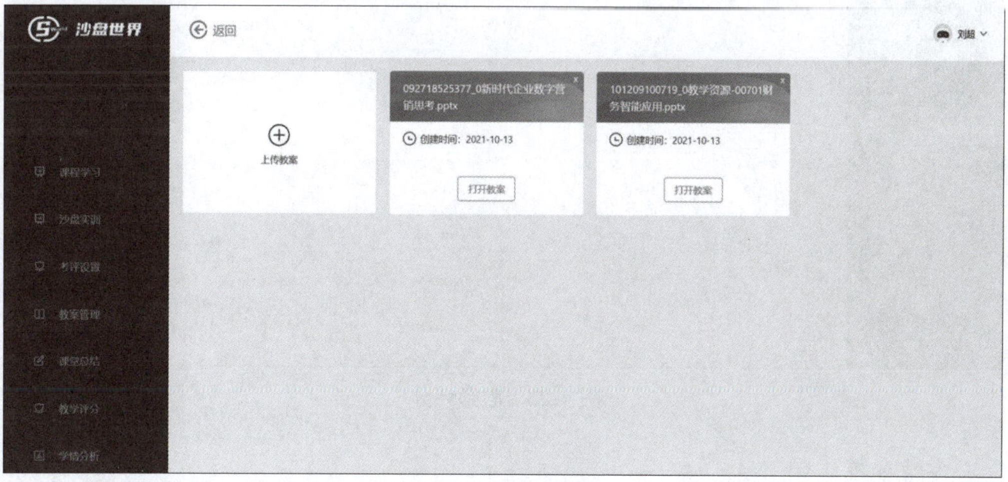

图 4-21　教案管理

5. 课程总结

教师可在课堂总结中浏览学生上传的总结，对课堂总结进行在线打分，如图 4-22 所示。单击左侧侧边栏“课堂总结”进入学生总结管理页面。本页展示本班级学生上传的总结文件，单击文件名可在线查看总结文档，在“评分”输入框输入评分。

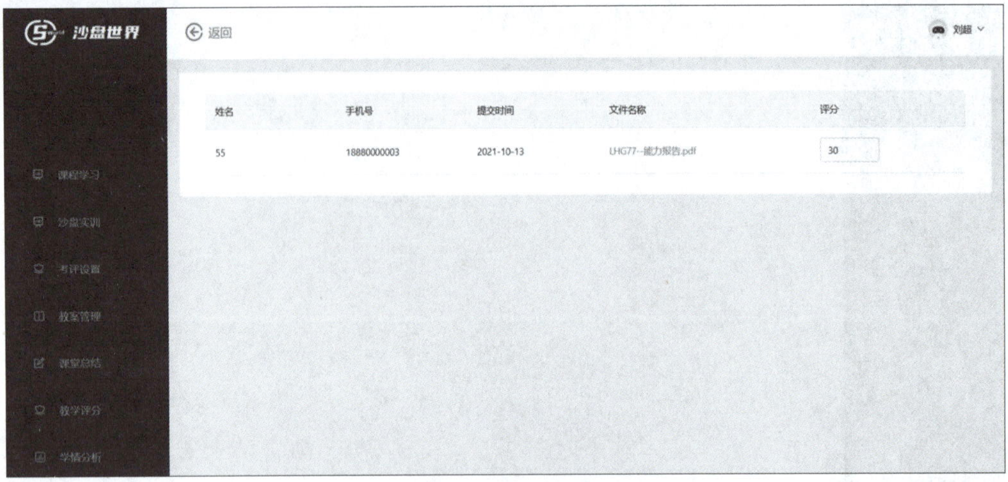

图 4-22　课堂总结

6. 教学评分

单击左侧侧边栏“教师评分”菜单，进入教师打分管理页面。本页展示本班级学生列表，在“评分”输入框里输入评分，如图 4-23 所示。

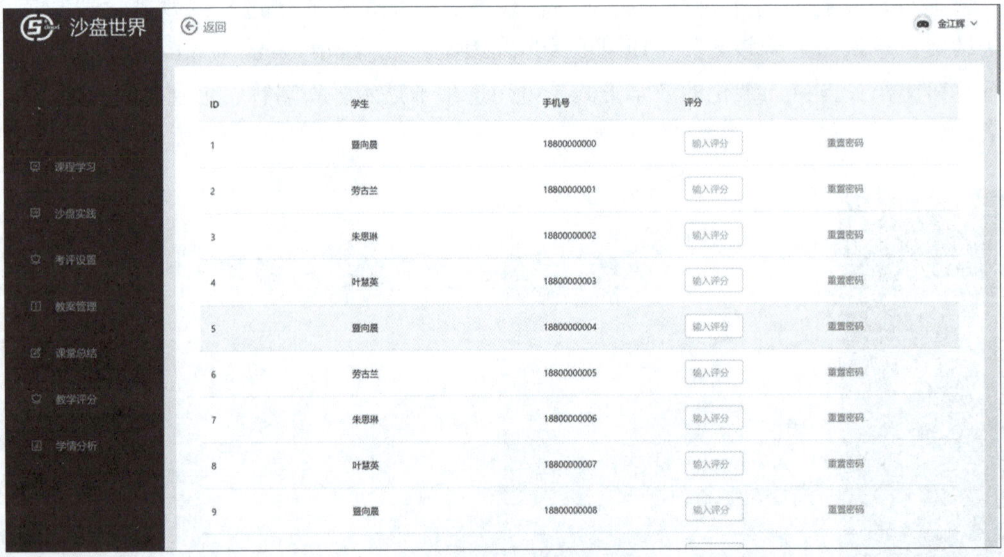

图 4-23　教师评分

7. 学情分析

教师可通过学情分析对班级的每个学生进行综合分析，展示其各方面的成绩以及学习记录。

学生可以单击左侧侧边栏“学情分析”菜单，进入学生学情展示页面。本页展示本班级所有学生的学习情况，包括成绩、实训次数、考勤记录、总结上传情况、岗位分布等；可以在最上方“切换学生”下拉列表中切换学生，如图 4-24 所示。

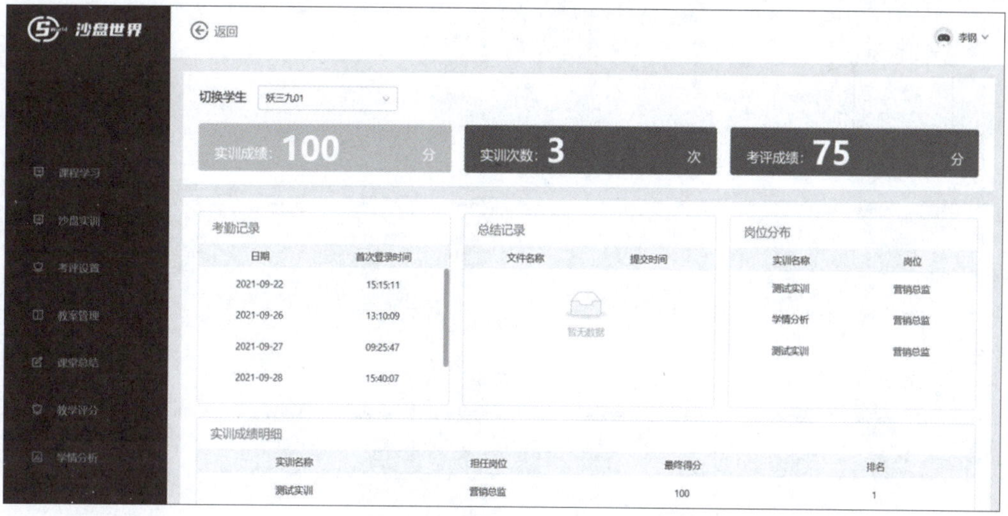

图 4-24　学情分析

8. 实训管理

单击左侧边栏“沙盘实训”菜单，实训列表处，展示所有已创建好的实训；单击“进入实训”按钮，进入实训管理页面，如图 4-25 所示。

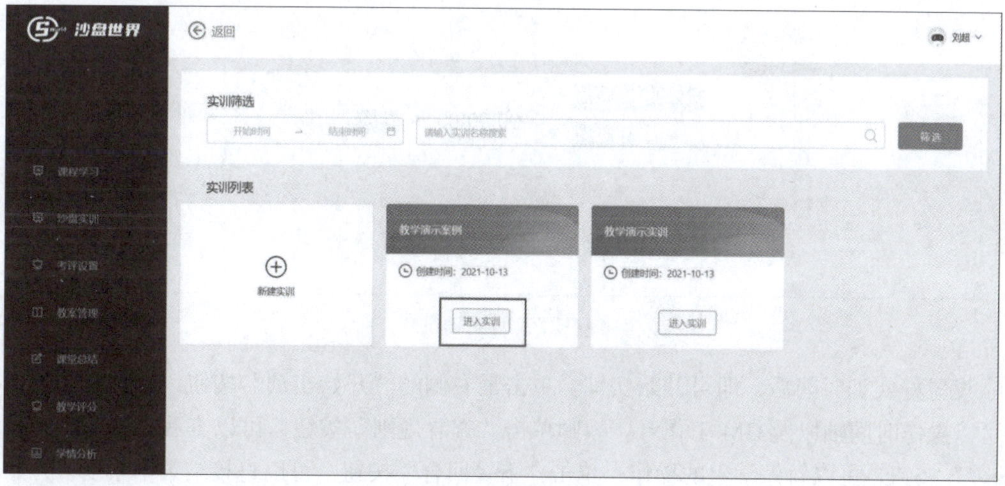

图 4-25　进入实训

教师进入实训后，在企业实训分组中，单击“导入学生”按钮，打开学生导入页面，单击“下载模板”按钮下载模板文件，根据模板文件说明，编辑好学生信息，将文件上传，单击“确定”按钮，即可导入学生信息，如图 4-26 所示。

教师在开始实践前还需要对时间轴进行设置，单击最右侧的“设置”按钮，可以展开时间轴设置输入框，可以在每个季度的输入框下输入季度时间，该时间不会自动切换时间轴，仅作为提示时间使用。倒计时结束后，提示教师切换时间，如图 4-27 所示。

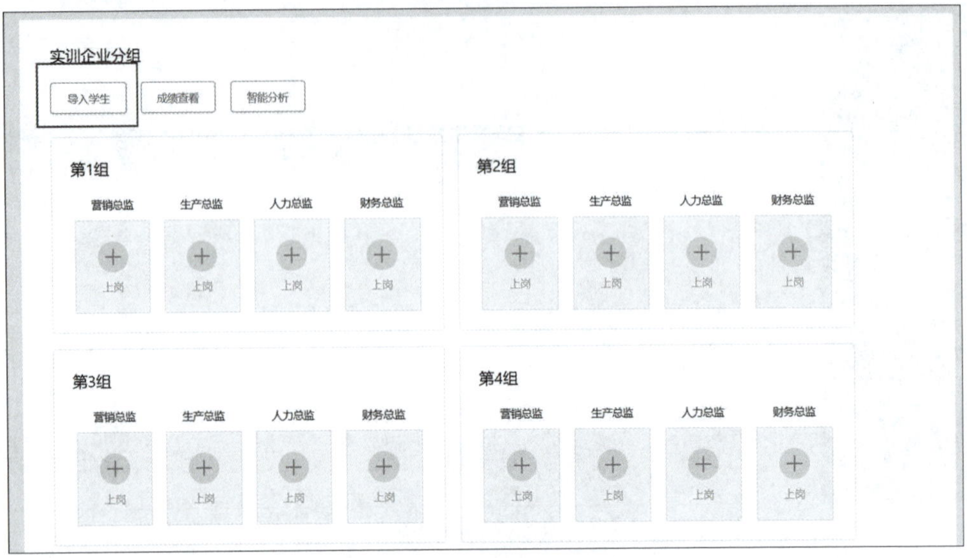

图 4-26　导入学生信息

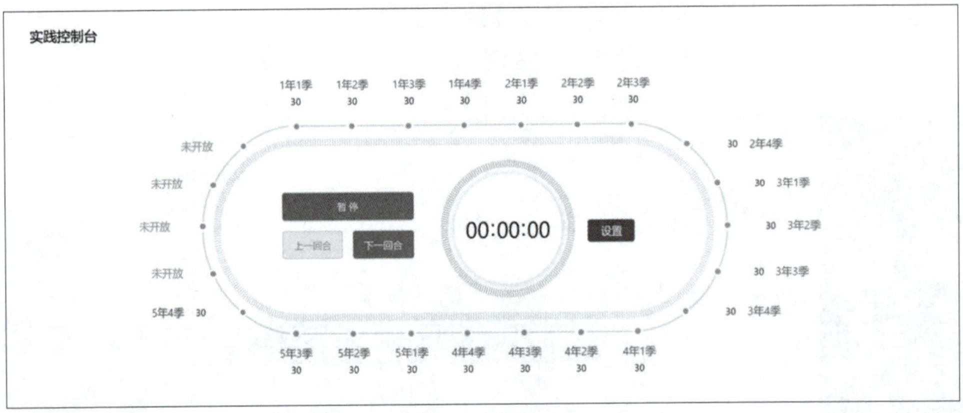

图 4-27　时间轴设置

设置好实训时间后，即可开始实训。单击最右侧的“开始实训”按钮，倒计时开始。教师可以操作时间轴以及 GM 工作台。教师单击“查看规则”按钮，可以查看规则明细；单击“暂停”按钮，可以暂停学生的操作；单击“下一回合”按钮，可以直接结束本季度，开始下季度的经营，如图 4-28 所示。

教师在实训开始后可对 GM 工作台进行控制，包括订单控制、突发事件、数据调整、注资、补丁工具、破产处理、材料订单处理等。教师可以通过控制台掌控实训过程，如图 4-29 所示。

GM 工作台有 11 个功能，分别为“开启特殊事件”“实践企业数据调整”“实践企业注资”“选单管理”“系统公告”“一键导出”“公告信息”“本年广告”“补单工具”“点破”“材料订单”。

开启特殊事件：单击“开启特殊事件”按钮，打开特殊事件控制页面。可选择一个事件开启，然后选择持续时间。所有特殊事件均在下一季度生效，如图 4-30 所示。

实践企业数据调整：单击“实践企业数据调整”按钮，打开调整控制页。选择一个企业，展示可变更的“材料”“产品”“现金”相关数据。输入的值为新增数，可以为负值，即减值，如图 4-31 所示。

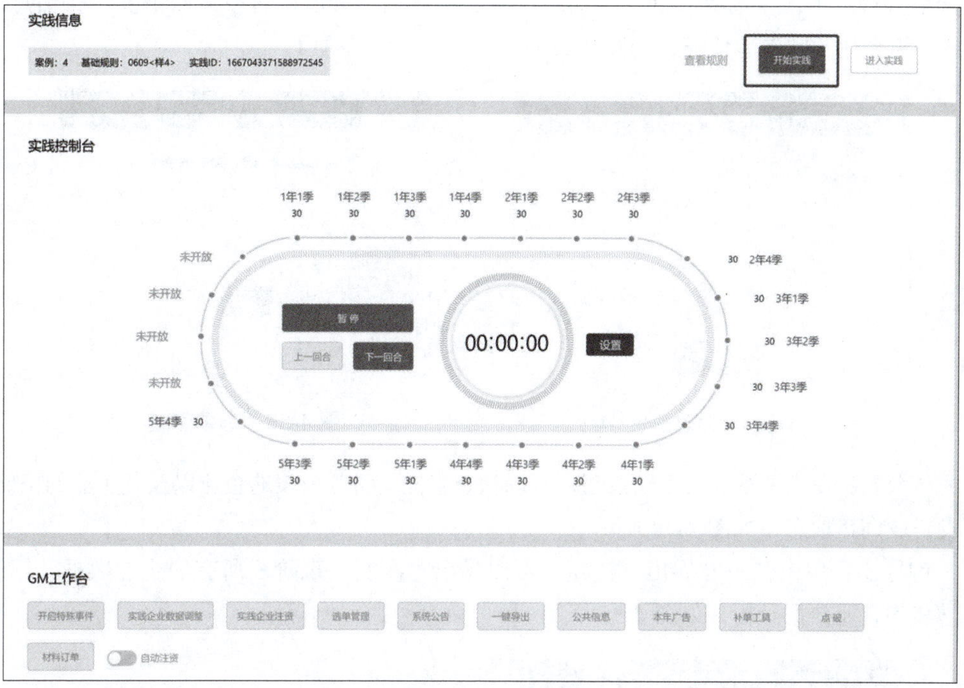

图 4-28　开始实训

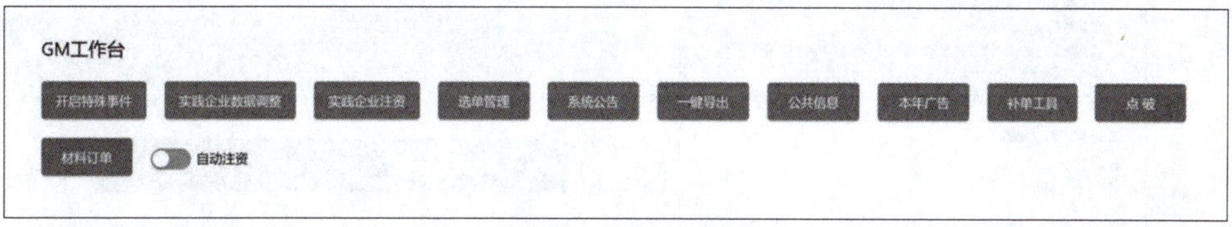

图 4-29　GM 工作台

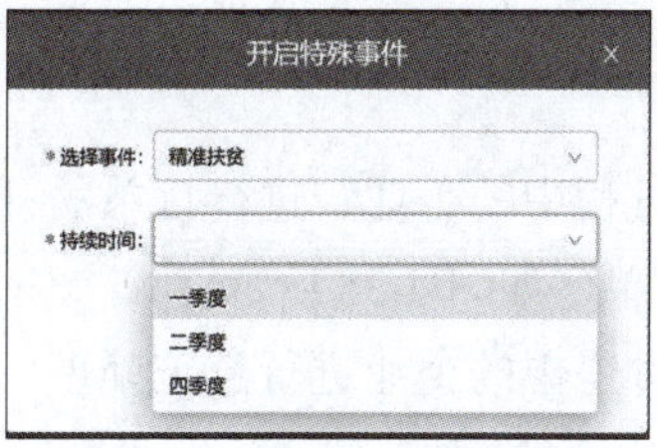

图 4-30　特殊事件

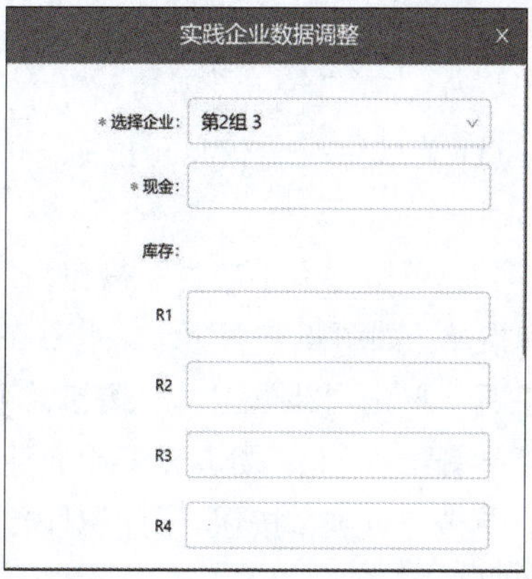

图 4-31　实践企业数据调整

实践企业注资：单击“实践企业注资”按钮，打开注资页面，选择一个企业，输入一个注资额度 X，填入一个利息 Y（0~1），即可给该企业添加一个时间为 4 季度的贷款额为 X，利率为 Y 的贷款。此贷款不占用企业正常的贷款额度，如图 4-32 所示。

选单管理：单击“选单管理”按钮，打开选单界面，开启广告投放，下发广告信息以及开始各小组企业共同选单任务，如图 4-33 所示。

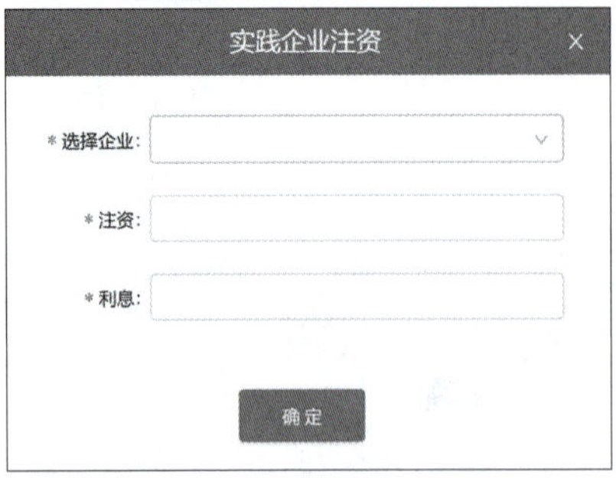

图 4-32　实践企业注资

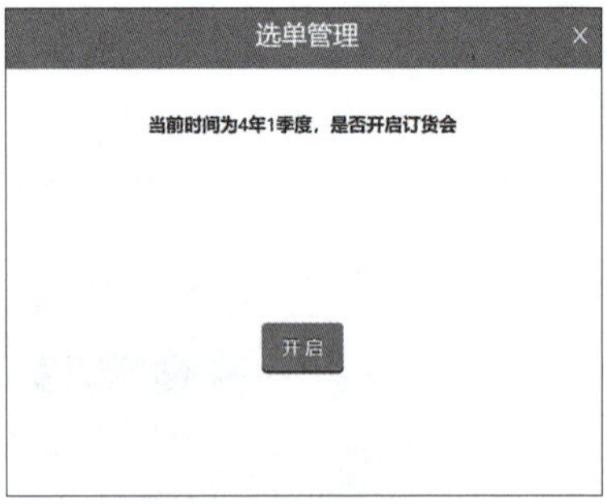

图 4-33　选单管理

系统公告：单击“系统公告”按钮，可以核查未提交财务报表的企业以及各企业的正确性，并下发企业询盘信息，如图 4-34 所示。

一键导出：单击“一键导出”按钮，可以导出本次实训现阶段所有的企业数据，用于教师教学和各企业数据分析，如图 4-35 所示。

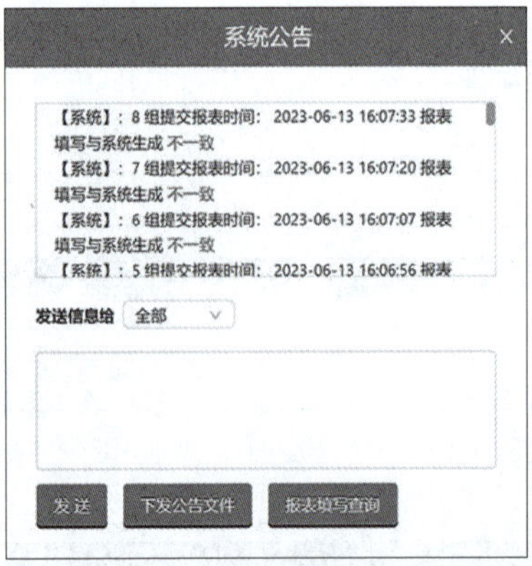

图 4-34　系统公告

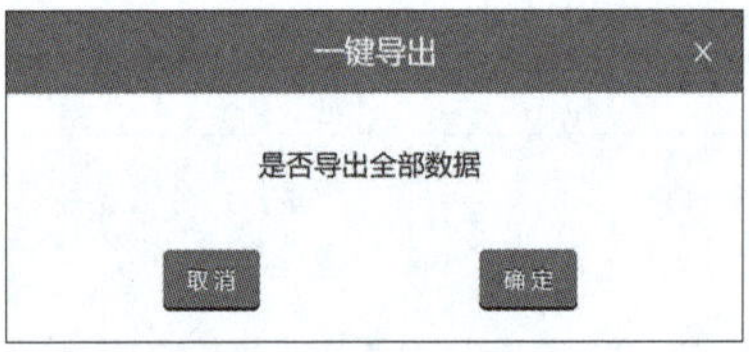

图 4-35　一键导出

公告信息：单击“公告信息”按钮，可以直接查看各组利润、权益，以及本年结束时间，如图 4-36 所示。

本年广告：单击“本年广告”按钮，可以直接查看各组投放广告的情况，便于教师进行教学分析和指导，如图 4-37 所示。

补单工具：单击“补单工具”按钮，可以对经营过程中的企业，进行订单的补获取，根据规则中订单编号、价格、数量对某个企业进行补给订单，如图 4-38 所示。

点破：单击“点破”按钮，可以对未继续经营或者违规的企业进行点破处理，避免其破坏市场，如图 4-39 所示。

图 4-36 公共信息

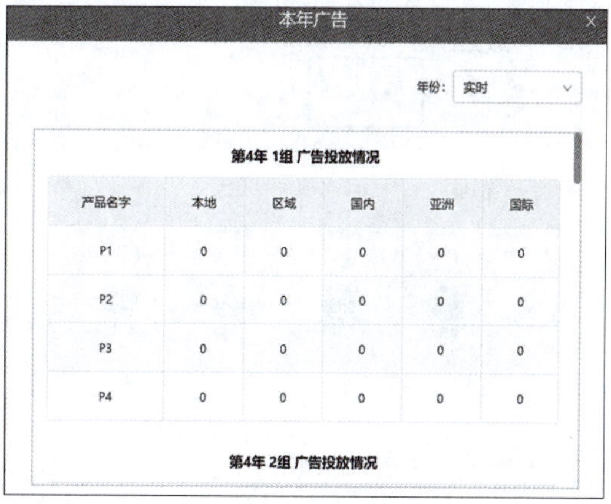

图 4-37 本年广告

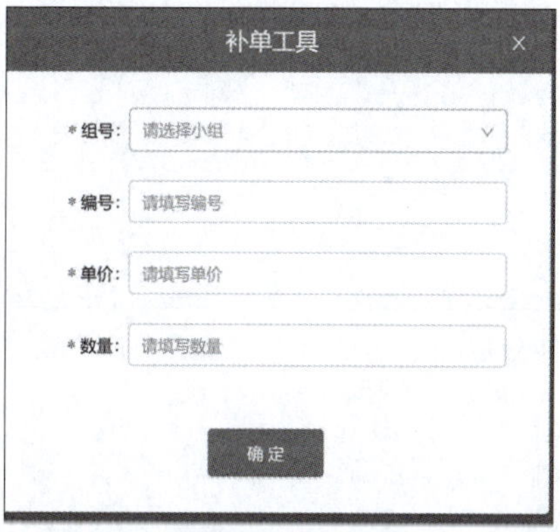

图 4-38 补单工具

图 4-39 点破

材料订单：单击“材料订单”按钮，可以查看各组材料订单情况，如图 4-40 所示。

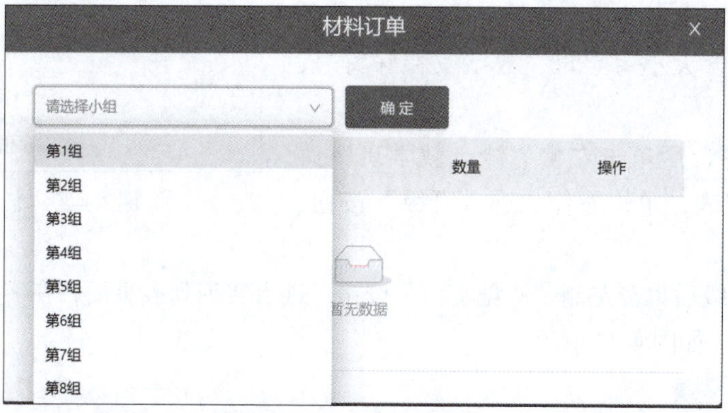

图 4-40 材料订单

9. 智能分析

教师可以单击实践企业分组中的“智能分析”按钮，可以对学生的财务报表、选单明细和企业信息情况进行查询和了解，如图 4-41 所示。

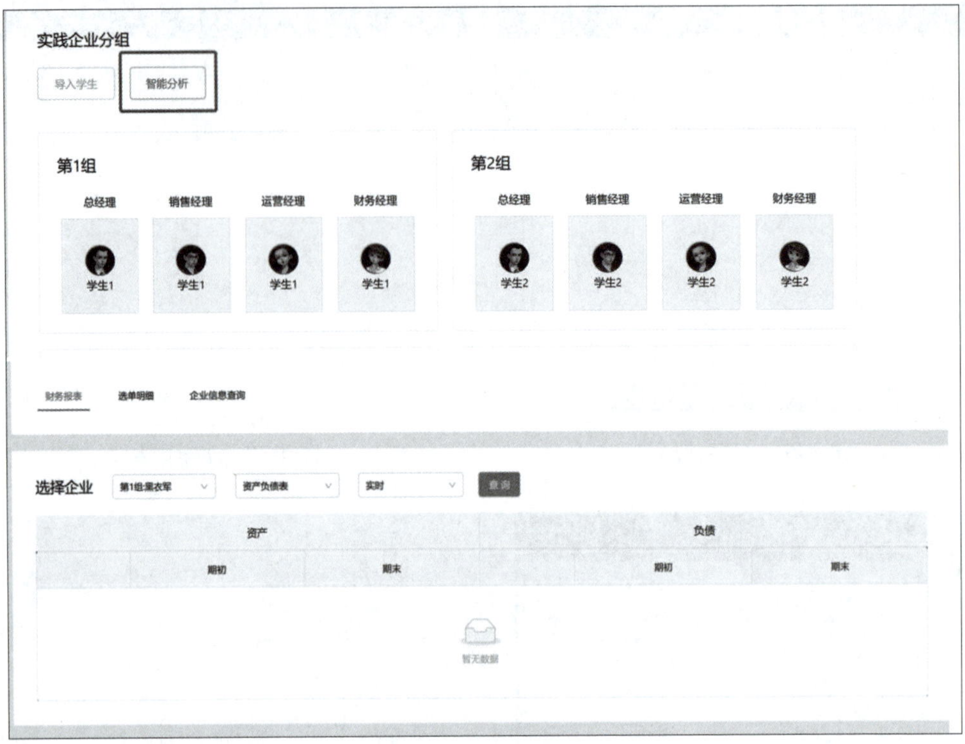

图 4-41　智能分析

三、学生端的任务

（一）进行实训

学生通过教师导入的账号进行登录，账号为“手机号”；初始密码为“Xindao@@2022”。学生第一次登录系统时需要修改密码。新密码须设置为12~18位，且包含大小写字母、数字及特殊符号，如图 4-42 所示。

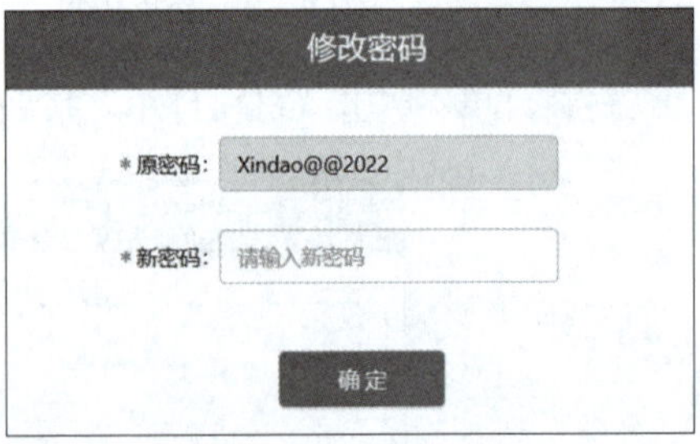

图 4-42　修改密码

学生进入平台后单击左侧“沙盘教学班”菜单，进入班级列表；单击右侧“进入班级”按钮，如图 4-43 所示。

学生进入班级后单击左侧“沙盘实训”按钮，进入实训列表页面，在实训列表页面选择所要进入的班级，如图 4-44 所示。

（二）规则解读

1. 确认规则开始经营

进入实训后单击“查看规则”按钮，确认规则无误后单击“进入实训”按钮；下方区域即会出现经营年度和剩余的可操作时间，如图 4-45 所示。

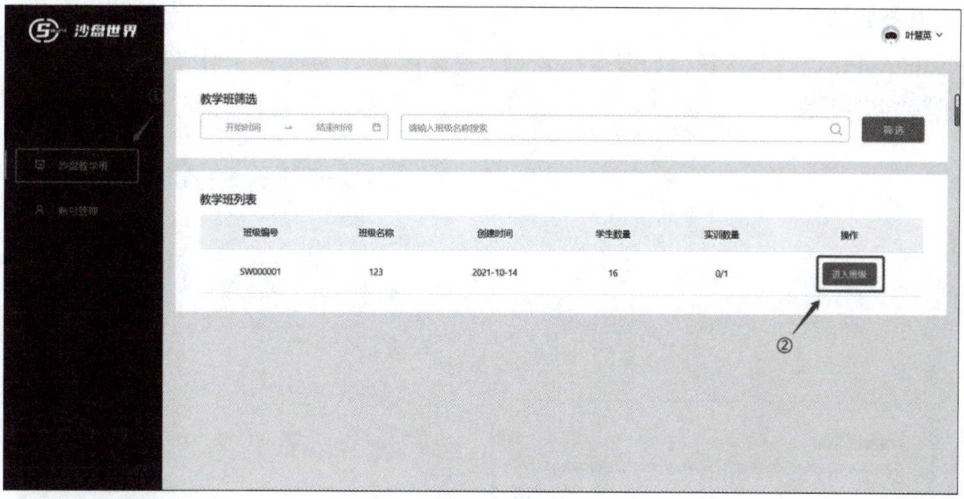

图 4-43　进入班级

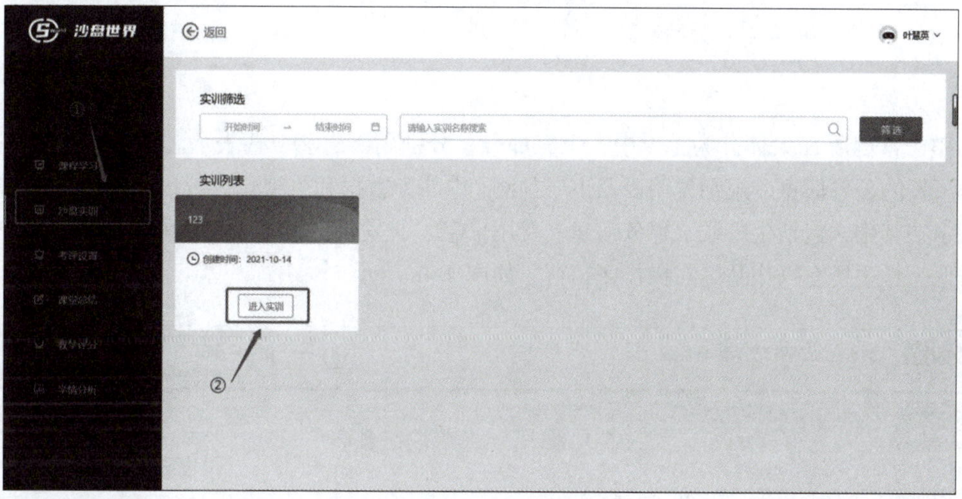

图 4-44　进入实训

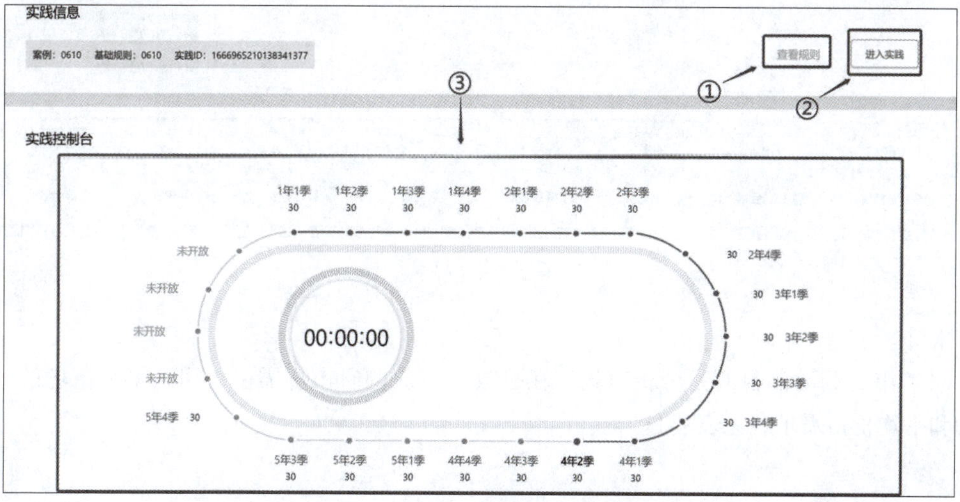

图 4-45　确认规则进入实训

2. 信息填写

单击“开始经营”按钮，如图 4-46 所示，进入图 4-47 页面，分别填写“企业名称”“企业愿景”“企业宣言”。

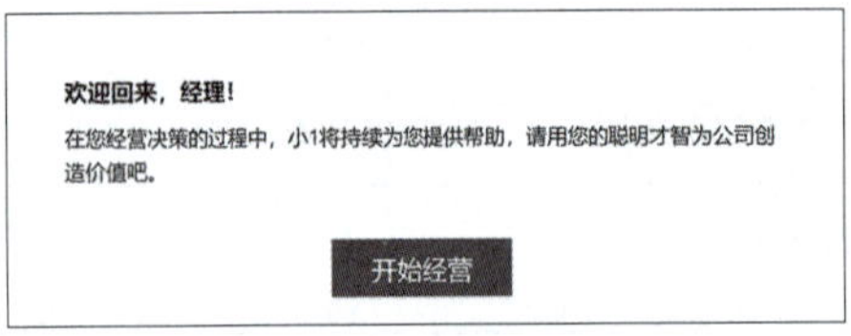

图 4-46 开始经营

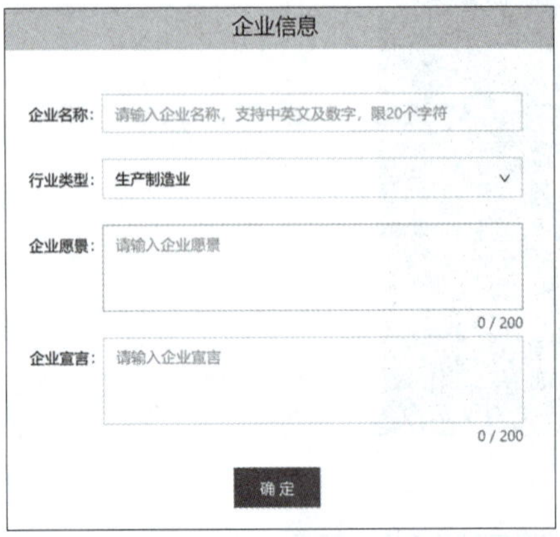

图 4-47 企业信息

3. 沙盘总览

整个沙盘界面大体分为上、中、下三部分，分别用①、②、③表示。学生可在上部查看老师下发的公告信息，规则说明以及市场预测；中部为数据和可视化区域，学生操作的数据内容展示在其中，包括生产线、财务信息、费用信息、研发认证信息、库存采购信息；下部作为操作区，学生所有操作基本在操作区执行，如图 4-48 所示。

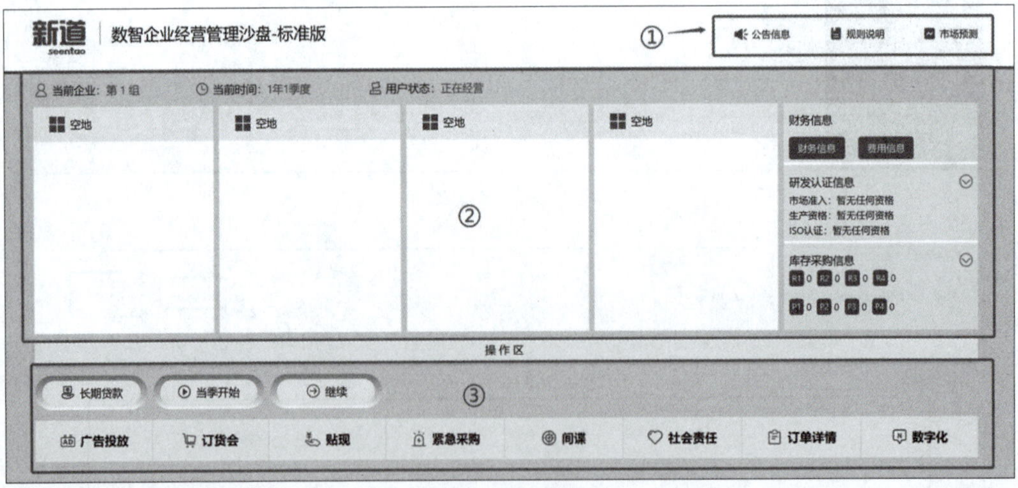

图 4-48 总览

4. 市场预测

（1）市场调研的目的是分析市场，在投放广告前调研市场需求，明确每个市场的产品、数量和平均价格需求，见表 4-1。

表 4-1　市场预测表

市场	产品	总量 / 个	平均价格 / 元
本地	P1	72	60 000
	P2	64	80 000
区域	P1	73	60 000
	P2	67	80 000

（2）市场：表示哪个市场的需求。

（3）产品：表示该订单是对哪个产品的需求。

（4）总量：表示在本市场中此产品的总需求数量。

（5）平均价格：表示在本市场中此产品的平均价格。

注：市场调研中的数量和价格并非详单中的具体数量和价格，如需了解更多可查看规则表，如图 4-49 所示。

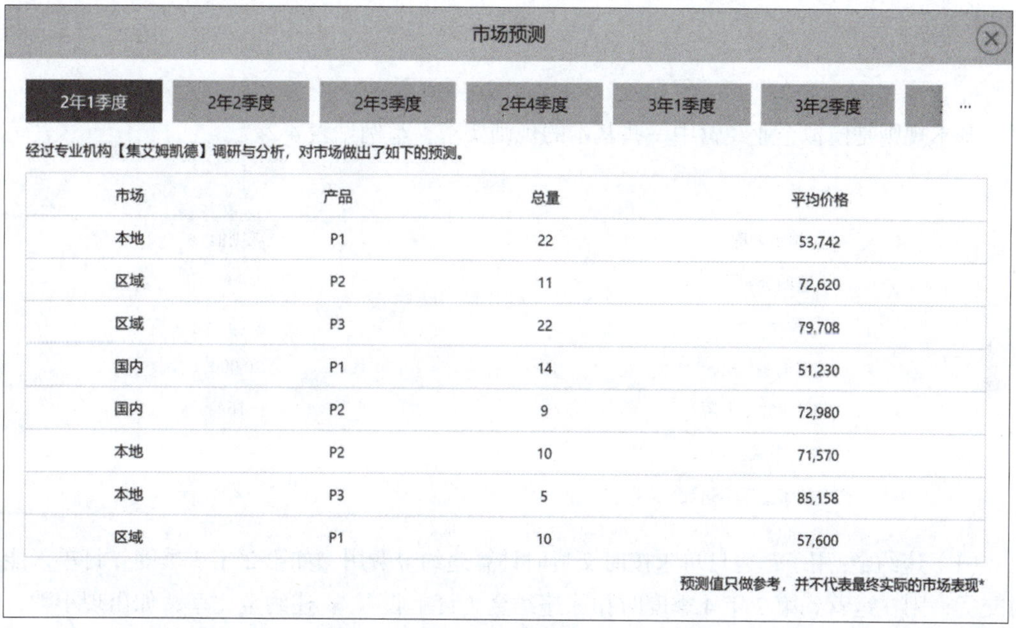

市场预测

2年1季度　2年2季度　2年3季度　2年4季度　3年1季度　3年2季度　…

经过专业机构【集艾姆凯德】调研与分析，对市场做出了如下的预测。

市场	产品	总量	平均价格
本地	P1	22	53,742
区域	P2	11	72,620
区域	P3	22	79,708
国内	P1	14	51,230
国内	P2	9	72,980
本地	P2	10	71,570
本地	P3	5	85,158
区域	P1	10	57,600

预测值只做参考，并不代表最终实际的市场表现*

图 4-49　市场预测

5. 社会责任

（1）思政页面包括“一流企业”“诚信守法”“社会责任”“国际视野”页面。

①一流企业：将本企业经营结果与知名企业进行对比，查看本企业在知名企业中的排名。

②诚信守法：用于查看企业当前商誉值，页面中也可查看商誉扣除明细。

③社会责任：为企业经营履行的社会责任，当教师开启“精准扶贫”事件，下一季度“捐款”按钮变亮，各企业可在该页面进行捐款，捐款减免纳税，具体按下列公式执行：

a. 设捐款金额为 X。

b. 若 $X \geqslant$ 税前利润 × 12%，按税前利润 12% 扣除，应交税费 = 税前利润 ×（1−12%）× 20%。

c. 若 $X <$ 税前利润 $\times 12\%$，按实际 X 值扣除。应交税费 = (税前利润 $- X$) $\times 20\%$。

④国际视野：提示企业应当具备国际视野，拓宽市场渠道，如图 4-50 所示。

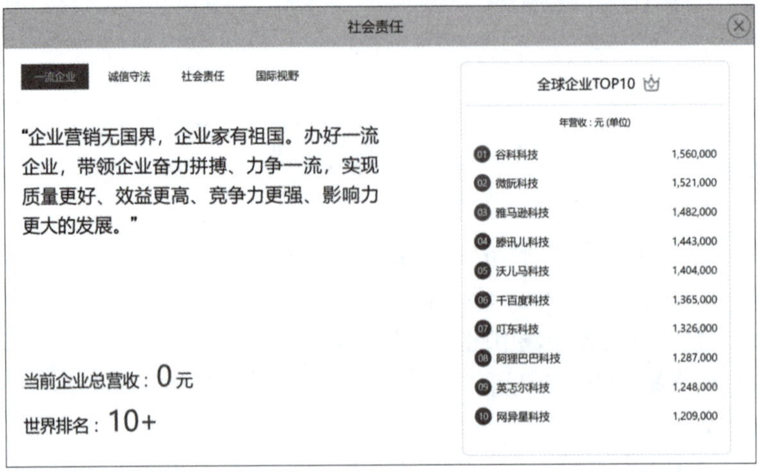

图 4-50　社会责任

6. 基本规则

基本规则是模拟企业经营中一些基本的规则要求，举例见表 4-2。

表 4-2　基本规则

规则名称	规则值
违约金 / 元	40
税率 / 元	25
咨询费 / 元	10 000
生产线数量上限	16
材料紧急采购倍数	2
产成品紧急采购倍数	4

(1) 违约金：用于销售订单未按时交货时计算违约金费用，如第 2 年 3 季度[①] 订单未能按时交货，则在运营到第 2 年 4 季度时扣除违约金（订单收入 × 违约金比率，如出现小数，四舍五入取整）。

报表影响：现金减少、营业外支出增加。

(2) 税率：计算应交税费时的税率，规则不同所得税率不同，企业盈利时需缴纳税金，缴纳金额为 (税前利润 × 所得税税率 25%，如出现小数，四舍五入取整)。

报表影响：现金减少、净利润减少。

注：缴纳所得税应当先弥补以前年份的年度亏损，直至弥补完才需缴纳税费。

(3) 咨询费：用于购买其他企业信息需要花费的现金，表示购买一个企业相关信息需花费的资金，规则不同咨询费不同。

报表影响：现金减少、综合费用增加。

---

① 本书后文所使用相关软件中对类似“第 2 年 3 季度”的表述进行了简化，一般使用“2 年 3 季度”。

注：每次购买有效期为1个季度。

（4）生产线上限：表示本场实训中，最多能够购买的生产线数量。

报表影响：现金减少、土地与设备或在建工程增加。

（5）材料紧急采购倍数：用于紧急购买原材料，购买后立刻到货，购买价格为（材料成本 × 材料紧急采购倍数），规则不同倍数不同。

报表影响：现金减少、原材料成本增加。

（6）产成品紧急采购倍数：用于紧急购买产成品，购买后立刻到货，购买价格为（产品成本 × 产成品紧急采购倍数），规则不同倍数不同。

报表影响：现金减少、产品成本增加。

7. 取整规则

（1）贷款利息：向上取整。

（2）贴息：向上取整。

（3）违约金：四舍五入。

（4）税金：四舍五入。

（5）出售：向下取整。

注：现金和权益为负视为破产，权益为实时权益。

8. 融资管理相关规则

（1）融资管理即贷款，为企业提供贷款，其具体规则见表4-3。

表4-3　融资管理相关规则

贷款名称	额度上限/倍	贷款时间/季	还款方式	利率/%
直接融资	2	1	本息同还	5
短期银行融资	2	4	本息同还	10
长期银行融资	2	8	每季付息，到期还本	3

（2）额度上限（倍）：表示贷款的最高额度，贷款上限＝上年所有者权益 × 额度上限（倍）。

（3）贷款时间（季）：表示贷款后，需要经过贷款时间（季）才需要偿还贷款。

（4）还款方式：

①本息同还：表示贷款到期时一次性支付本金和利息。

②每季付息，到期还本：表示贷款期间需每季度支付利息，到期后偿还本金。

（5）利率（%）：用于计算贷款利息。

（6）贷款对报表的影响：现金增加、长期借款或短期借款增加。

9. 费用管理相关规则

（1）缴纳日常费用：如管理费、贷款本金和贷款利息。

（2）管理费：从规则表中查看，规则中为月度管理费，缴纳时应当乘以3。

（3）报表影响：现金减少、综合费用增加。

（4）贷款本金：为企业申请的贷款，到期后需要支付的本金。

（5）报表影响：现金减少、长期负债或短期负债减少。

（6）贷款利息：为企业贷款的利息（如出现小数向上取整）。

（7）报表影响：现金减少、财务费用增加。

10. 招聘管理相关规则

（1）招聘管理（工人）的相关规则见表 4-4。

表 4-4　招聘管理相关规则

名称	初始期望工资 / 元	计件 / （元 · 个 $^{-1}$）	每季度数量	效率 /%
手工工人	0	0	10	0
高级技工	0	0	10	0

（2）每季度数量：市场中初始的工人数量，假设 1 年 2 季度招了 4 个手工工人 5 个高级技工，则在 1 年 3 季度工人数量仍会恢复到初始。

（3）发放 offer：企业给工人定制薪酬，工人入职。

（4）设公司提供的薪资为 X，M 取值为开出的期望工资和中位工资孰低计量。

（5）当 $X/M < 70\%$ 时，工人一定不会入职。

（6）当 X/M 取值为 70%~100% 时，工人随机入职。

（7）当 $X/M \geqslant 100\%$ 时，工人一定入职。

（8）offer 发放完成可修改工人薪资，以最后一次录入的薪资为准。

（9）开出 offer 后，下季度入职，入职后下季度发放薪资。

注：在沙盘模拟过程中，需要注意人力资源市场无竞争，工人不会随各企业提供的薪资不同而择优入职；0 表示未设置。

11. 库存相关规则

库存相关规则见表 4-5。

表 4-5　库存相关规则

材料名称	基础价格 / 元	数量	送货周期 / 季	账期 / 季
R1	10 000	50 000	1	1
R2	10 000	50 000	1	1
R3	10 000	50 000	2	1
R4	10 000	50 000	2	1

（1）库存管理分为原料订单、原料库存、产品库存三个模块。

（2）基础价格（元）：为购买单件材料需要支付的价格。

（3）数量：为初始材料数量，随着企业的购买逐渐减少，每季度刷新恢复到初始数量。

（4）送货周期（季）：订购的原材料需要经过送货周期才能收货。

（5）账期：原材料收货后，经过账期时间支付材料费。

（6）原料订单：展示企业的原材料订单，当达到收货期时，可点击收货，收货后原材料进入原料库存并生成一条应付账款（按时支付，否则强制扣除）。

报表影响：原材料增加、短期负债增加。

支付时，报表影响：现金减少、短期负债减少。

（7）原料库存：展示企业拥有的原材料数量；在库存中可对材料进行出售，出售时获得原料价值 80% 的货款（如出现小数向下取整）。

报表影响：现金增加、原材料减少、营业外支出增加。

（8）产品库存：展示企业拥有的产品数量；可对产品进行出售，出售时获得产品价值 80% 的货款（如出现小数向下取整）。

报表影响：现金增加、销售收入增加、直接成本增加、净利润减少。

12. 设备相关规则

设备相关规则见表 4-6。

表 4-6　设备相关规则

（a）

线型	安装时间 / 季	购买价格 / 元	生产实践 / 季	基础产量 / 个	转产时间 / 季
手工线	0	50 000	2	1	0
自动线	1	100 000	1	1	1
智能线	2	140 000	1	1	0
租赁线	0	0	1	1	1

（b）

转产价格 / 元	残值 / 元	维修费用 / 元	手工工人数量	高级技工数量	折旧年限 / 年
5 000	10 000	9 000	1	0	4
10 000	20 000	20 000	0	1	4
0	20 000	20 000	1	1	4
10 000	−70 000	65 000	1	1	0

（1）设备相关规则为企业购买设备时的规则，描述设备的安装与使用情况。

（2）安装时间：表示安装产线需要消耗的时间，购买产线后需经过一定的安装时间才能使用产线（如 1 年 1 季购买安装全自动线，1 年 2 季即安装完全可以使用）。

（3）购买价格（元）：购买生产线的价格，为一次性价格，其间无须追加。

（4）生产时间：产线生产需要耗费的时间，自产线开产起，经过生产时间产品下线入库。

（5）基础产量：生产线的基础产量，为计算实际产量的基数。

（6）转产时间：生产线由一种产品转为另一种产品需要花费的时间，只能在停产状态下进行转产。

（7）转产价格：生产线转产时需要花费的资金，为一次性费用。

（8）残值：产线折旧到此价值时不再折旧，且出售时能够获得等于残值的现金。

（9）维修费用：产线建成满一年开始维修，1 年 1 季度建成，2 年 1 季度缴纳维修费，每年缴纳一次。

（10）手工工人、高级技工数量：使用生产线时，需要配置手工工人和高级技工的数量。

（11）折旧年限：为生产线需要折旧的年限。生产线建成满一年开始折旧，1 年 1 季度建成，2 年 1 季度计提折旧，折旧 =（产线净值 − 残值）/ 折旧年限，每年计提折旧。

（12）开产：须拥有产品资质、充足的原材料、停产状态、配置好工人、现金充足才能开产成功。

（13）关于开产费的规则说明：

开产时支付开产费为：

$$在制品成本 = 原材料成本 + 开产费$$

开产费从产品规则表中查看，规则中为单件产品花费的开产费。

关于产线操作产生的报表影响如下：

①购买时，现金减少、土地与设备或在建工程增加；

②开产时，现金减少、原材料减少、在制品增加；

③转产时，现金减少、综合费用增加；

④拆除时，现金增加、固定资产减少、营业外支出增加；

⑤缴纳维修费时，现金减少、维修费增加；

⑥产线折旧时，土地和设备减少、折旧增加。

13. 人工管理规则

人工管理规则见表 4-7。

表 4-7　人工管理规则

线型	安装日期	基础产量 / 个	状态	产品标识	班次	手工工人数量	高级技工数量	实际产量 / 个	操作
智能线	2 年 1 季度	1	停产	P1	—	—	—	0	保存

（1）每次生产时，须先进行工人配置，参照规则在对应的产线配置工人和班次。

（2）状态：分停产、开产和转产，只有停产状态下才能配置班次和工人。

（3）班次：选择工人生产班次。

（4）手工工人、高级技工：选择与产线规则要求相等的工人数量。

（5）实际产量：按规则要求配置的工人数量和种类，一致时单击“保存”按钮则出现实际产量，与规则要求不符则实际产量为 0。

（6）操作：班次和工人配置成功后，单击“保存”按钮。

（7）招聘需求填报：填写需要招聘的工人种类和数量，保存后生成一条数据传送到招聘管理界面。

14. 应收账款管理相关规则

（1）应收账款为交付订单后产生的应收款项，到期后可直接收款。

报表影响：现金增加、应收账款减少。

（2）若应收账款未到期，可参照贴现规则进行贴现（见表 4-8）。

表 4-8　贴现规则

名　称	收款期 / 季	贴息 /%
4 季贴现	4	8
3 季贴现	3	6
2 季贴现	2	4
1 季贴现	1	2

（3）贴现为企业立刻获得款项的一种方式，需支付一些贴息立刻获得现金。

（4）收款期（季）：表示这笔货款还需经过收款期才能收款（需主动收款，到期后不主动收款）。

（5）贴息（%）：是指债权人在应收账期内，贴付一定利息提前取得资金的行为。不同应收账期的贴现利息不同，如 3 季度贴现 10 000 元，则需支付 10 000 × 6%=600 的贴息（如出现小数向上取整）。

（6）应收账款对财务报表的影响：

①收款时：现金增加、应收账款减少。

②贴现时：现金增加、财务费用增加、应收账款减少。

15. 产品图纸相关规则

产品图纸相关规则见表 4-9。

表 4-9　产品图纸相关规则

产品名	开产费用 / 元	开产成本 / 元	R1/ 个	R2/ 个	R3/ 个	R4/ 个
P1	10 000	20 000	1	0	0	0
P2	15 000	35 000	0	1	1	0
P3	15 000	45 000	1	0	1	1
P4	10 000	60 000	1	2	1	1

（1）产品图纸规则用于查看产品的构成。

（2）开产费用：用于生产单件产品需支付的费用（产品成本 = 原材料费用 + 开产费）。

（3）开产成本：用于计算紧急采购产品的成本，如 P1 为 20 000，紧急采购倍数为 4，则紧急采购 1 个 P1 的成本为 80 000（此成本不代表实际的产品成本，仅用于计算紧急采购的产品成本价值）。

（4）R1、R2、R3、R4：表示生产产品所需用到的原材料个数，此个数为单件产品的材料数量。

16. 销售渠道规则

销售渠道规则见表 4-10。

表 4-10　销售渠道规则

市场名称	消耗资金 / 元	消耗时间 / 季
本地	20 000	3
区域	20 000	2
国内	50 000	4
亚洲	30 000	6
国际	40 000	7

（1）渠道开辟：用于开拓新销售渠道，满足企业销售需求。

（2）市场名称：各销售渠道的名称。

（3）消耗时间：开拓时需要经过开拓周期企业才能获得市场资质，只有获得市场资质后才允许在该市场销售产品。

（4）消耗资金：开拓时需要支付的资金，为一次性费用期间无须追加。

销售渠道建设对企业的影响，在企业报表中体现在：现金减少、综合费用增加。

17. 产品资质规则

产品资质规则见表 4-11。

表 4-11 产品资质规则

资质名称	申请时间	需要资金 / 元
P1	2 季度	10 000
P2	3 季度	20 000
P3	4 季度	60 000
P4	6 季度	80 000

（1）产品资质：用于研发新产品资质，满足企业生产需求。

（2）资质名称：各产品资质的名称。

（3）申请时间：企业需要经过一定的申请时间才能获得产品资质，只有获得产品资质后才允许生产该产品。

（4）需要资金：指申请产品资质时需要支付的资金，在一次性费用期间无须追加。

产品资质建设对企业的影响，在企业报表的影响中体现在现金减少、综合费用增加。

18. ISO 资质规则

ISO 的资质规则见表 4-12。

表 4-12 ISO 资质规则

ISO 认证名称	认证周期	需要资金
ISO 9000	6 季度	20 000
ISO 14000	6 季度	30 000

（1）ISO 资质认证：只有满足订单中 ISO 资质需求才能获取订单。

（2）ISO 认证名称：ISO 资质名称，不同的订单 ISO 资质需求不同。

（3）认证周期：企业在认证时需要经过一定的认证周期才能获得 ISO 资质。

（4）需要资金：指认证时需要支付的资金，为一次性费用期间无须追加。

ISO 资质建设对企业的影响在企业报表中体现在现金减少、综合费用增加。

19. 选单广告投放规则

选单广告的投放规则具体见表 4-13。

表 4-13 选单广告投放规则

最小广告额	选单时间 /s	首单补时 /s	市场同开数量	得单公差
10 000	40	15	2	20 000

（1）广告投放：选单前必须投放广告，否则不能选单，只有对应市场和产品投放广告后才能选单。

（2）产品市场：表示选单时应当对应产品和市场进行投放，如希望在区域市场选 P2 产品的订单，则需在对应的单元格投放广告。

（3）操作：广告只能提交一次，提交后不可更改。

选单广告投放金额对企业的影响在企业报表中体现在现金减少、综合费用增加。

（4）最小广告额：获得一次选单机会最少需要投放的额度。

（5）选单时间：各组每次选单的时间，应当在 40 s 倒计时结束前选中订单。

（6）首单补时：每个产品第一个选单的小组拥有 15 s 补时。

（7）市场公开数量：为每次选单几个市场同时选单。

（8）得单公差：每增加一次选单机会需要增加的广告额度（如投 10 000 有一次选单机会，投 20 000 还是一次选单机会，投 30 000 有两次选单机会）。

注：只有拥有市场资质才能在该市场投放广告，广告有效期为一次选单，下次选单需要重新投放，几次选单机会不代表能选中几张订单。

20. 选单规则

（1）选单：即参加订货会，教师开启后所有企业一起参加订单会，选取订单。

（2）订单编号：每张订单都有一个编号，用于区分每张订单。

（3）市场：表示这张订单属于哪个市场。

（4）产品：页面上方展示正在选择哪个产品的订单。

（5）总价：本张订单的总价格。

（6）数量：本张订单的数量。

（7）交货期：表示这张订单应当在本年的哪个季度完成交货（如本次选单为 2 年选单，选中的订单交货期为 3，则需要在 2 年 3 季度或之前完成交货，否则视为违约）。

（8）账期：表示订单完成交货后，再经过几个季度可以收到应收款。

（9）认证：表示只有拥有该 ISO 资质才能选中这张订单（1 表示规则中第一个 ISO 资质要求、2 表示规则中第二个 ISO 资质要求）。

（10）轮到选单时，选单按钮亮起，直接单击选单即可。选单规则如下：

①选单排名。并非投了广告就可以随便选单。选单时需要对比各组广告：先对比产品广告，产品广告高的优先选单；产品广告相同对比市场广告，市场广告高的优先选单；市场广告相同对比销售额，销售额高的优先选单。

②选单次数：根据产品广告额度计算得出，表示能够在本市场选中几张订单，在订单数量足够的情况下能够选中足够次数的订单。

③选单方式。各企业根据排名依次选单；选中订单的小组次数减 1，排至队尾，等待下面小组选单；单击“选单”按钮，提示操作完成，视为选单成功，每次只能选中 1 张订单；次数为 0 表示该组已无选单机会；所有小组次数为 0 或者订单为 0，本市场本产品选单结束，开始选哪个产品的订单；单击“放弃选单”按钮，视为放弃选单，放弃选单小组在选单排名中删除，次数清 0，将无法继续选单；当选单倒计时为 0 后，小组仍未选单也视为放弃选单。

21. 销售订单交付

销售订单交付，其具体形式见表 4-14。

表 4-14　销售订单交付

销售订单	市场	产品	总价 / 元	数量 / 个	交货期	账期	认证	成本 / 元	操作
1	本地市场	P1	162 000	3	2 季度	1 季度	无	0	交货

（1）销售订单为企业在“选单”中选中的订单。

（2）市场：表示这张订单属于哪个市场的订单。

（3）产品：表示这张订单是对哪个产品的需求。

（4）总价：表示这张订单的总价值。

（5）数量：表示这张订单的交货数量，不可拆分交货。

（6）交货期：表示订单的最晚交货季度，可提前交货不可延后，如超过本季度则视为违约；如 1 年 2 季度获得的交货期为 2 的订单，则必须在 1 年 2 季度交货，否则视为违约。

（7）账期：表示交货后需要经营这个季度后，企业能够收到这笔应收款。

（8）认证：表示这张订单对 ISO 资质的需求。

（9）成本：订单交货前成本为 0，交货后显示交货的产品成本。

（10）操作：交货按钮，需严格按照订单中的产品、数量进行交货，无法拆分交货。

报表影响：产品成本减少、销售收入增加、直接成本增加。

22. 应付账款管理相关规则

（1）应付账款：为原材料的货款，材料收货后生成应付账款，应当及时缴纳。

（2）应付账款可提前支付，不可延期，延期后系统强制扣除。

报表影响：现金减少、短期负债减少。

23. 财务报表相关规则

（1）每年第四季度开启，填写后提交，自动判断正误。

（2）提交后其他任务锁定，只能查看不能操作。

（3）交税前先弥补以前年度的亏损，弥补完成后直接按税率缴纳税金（四舍五入），从规则表中查看税率。

24. 财务指标相关规则

（1）提交完报表后开启，填写后提交，自动判断正误。

（2）提交意为本年结束。

（3）流动比率 =（现金 + 应收账款 + 在制品 + 产成品 + 原材料）/（短期负债 + 其他应付款 + 应交税费）。

（4）速动比率 =（现金 + 应收账款）/（短期负债 + 其他应付款 + 应交税费）。

（5）资产负债率 = 负债总额 / 资产总额。

（6）产权比率 = 负债总额 / 所有者权益总额。

（7）营业净利率 =（销售收入 – 直接成本 – 综合管理费用）/ 销售收入。

（8）成本费用利润率 =（销售收入 – 直接成本 – 综合管理费用 ± 营业外收支）/（直接成本 + 综合管理费用 + 财务费用）。

（9）资产报酬率 = 支付利息前利润 / [（期初资产总计 + 期末资产总计）/2]。

（10）净资产收益率 = 净利润 /[（期初所有者权益 + 期末所有者权益）/2]。

营业收入增长率 =（本年销售收入 – 上年销售收入）/ 上年销售收入。

资本保值增值率 = 年末所有者权益 / 年初所有者权益。

总资产增长率 =（本年资产总计 - 上年资产总计）/ 年初资产总额。

存货周转率 = 销售成本 / [（期初在制品 + 期初产成品 + 期初原材料 + 期末在制品 + 期末产成品 + 期末原材料）/2]。

存货周转天数 =365/ 存货周转率。

应收账款周转次数 = 销售收入 / [（期初应收账款 + 期末应收账款）/2]。

应收账款周转天数 =365/ 应收账款周转率。

现金周转期 = 应收账款周转天数 + 存货周转天数 - 应付账款周转天数。

注：括号内除不尽的值先保留两位小数，再进行下一步计算（四舍五入）。

（三）操作说明

1. 申请长期贷款

该操作在每年年初进行，单击主页面下方操作区中“长期贷款”按钮，选择所要融资的套餐，输入融资额度，如图 4-51 所示。（此处融资不限于长期银行融资，也可以选择直接融资或短期银行融资）。选择融资后，系统会显示融资现状（融资方式、起贷时间、还款时间、额度、利息）。

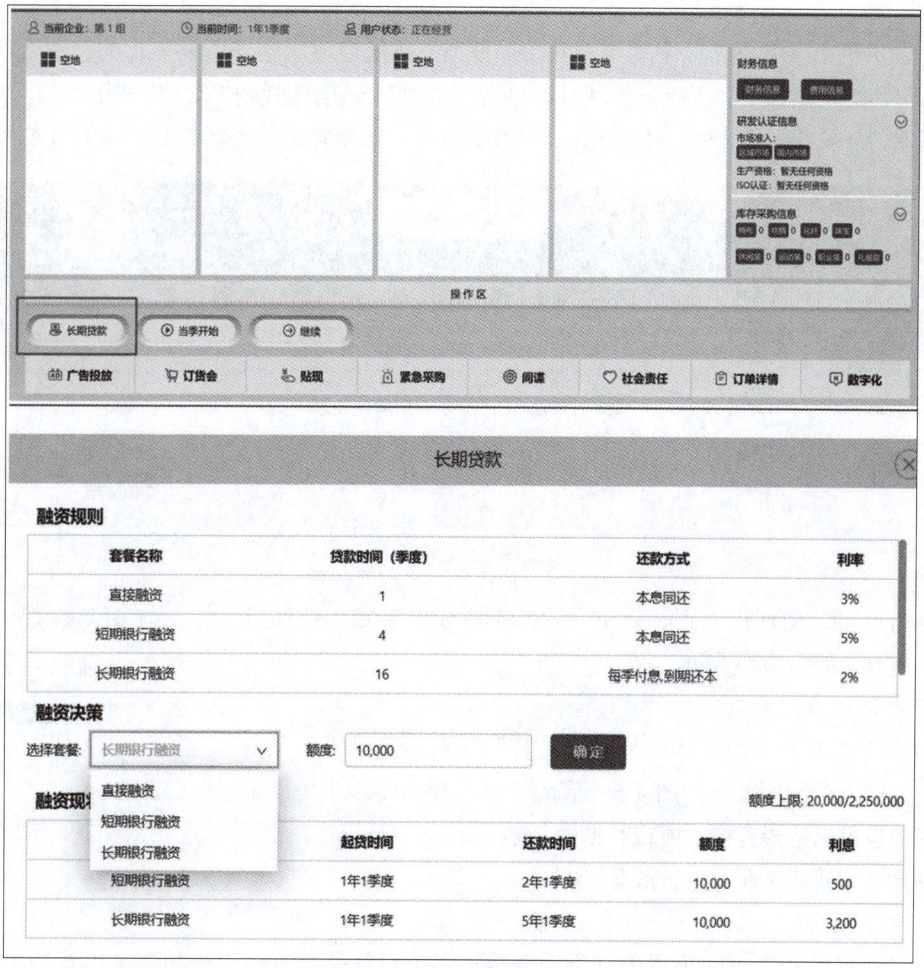

图 4-51　申请“长期贷款”

说明：利息是指该笔融资所要支付的所有利息总和，以图 4-51 为例，长期银行融资因为是每季付息，所以利息 =10 000（贷款额度）×2%（利率）×16（贷款季度）=3 200 元，但在每季度支付利息是 10 000×2%=200。

2. 当季开始

在费用管理页面中我们能看到款项以及详细金额和标准说明，如图 4-52 所示。

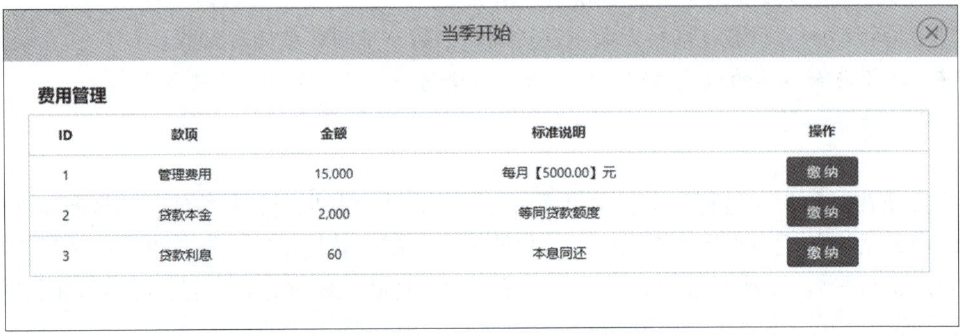

图 4-52 “当季开始”页面

单击主页面下方操作区中“当季开始”按钮，系统会显示本季所要支付的管理费用、本季需要归还的贷款本金、所有贷款利息。单击“缴纳”按钮，系统扣除相应费用。

说明：如果缴纳费用时，现金不足，系统会提示“操作失败，现金不足”，如图 4-53 所示。

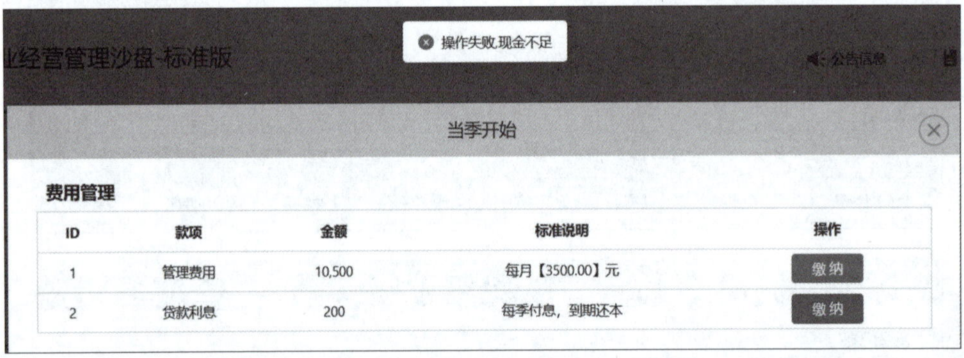

图 4-53 系统提示

在打开的“确认进入下一环节”提示框单击“确定”按钮进入下一环节，如图 4-54 所示。

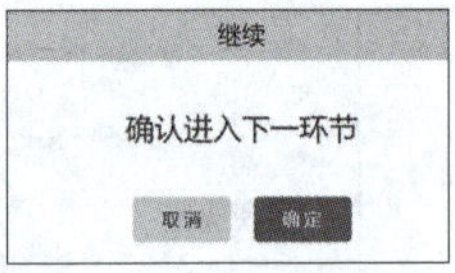

图 4-54 “继续”提示框

3. 申请短期贷款

单击主页面下方操作区中“申请短贷”按钮，选择所要融资的套餐，输入融资额度，如图 4-55 所示。（此处融资不限于短期银行融资，也可以选择直接融资或长期银行融资）

说明：此处功能和“申请长贷”一样。

4. 招聘管理

在“招聘管理”页面可以看到人力资源市场上投放处的不同等级的工人以及相关信息，如图 4-56 所示。

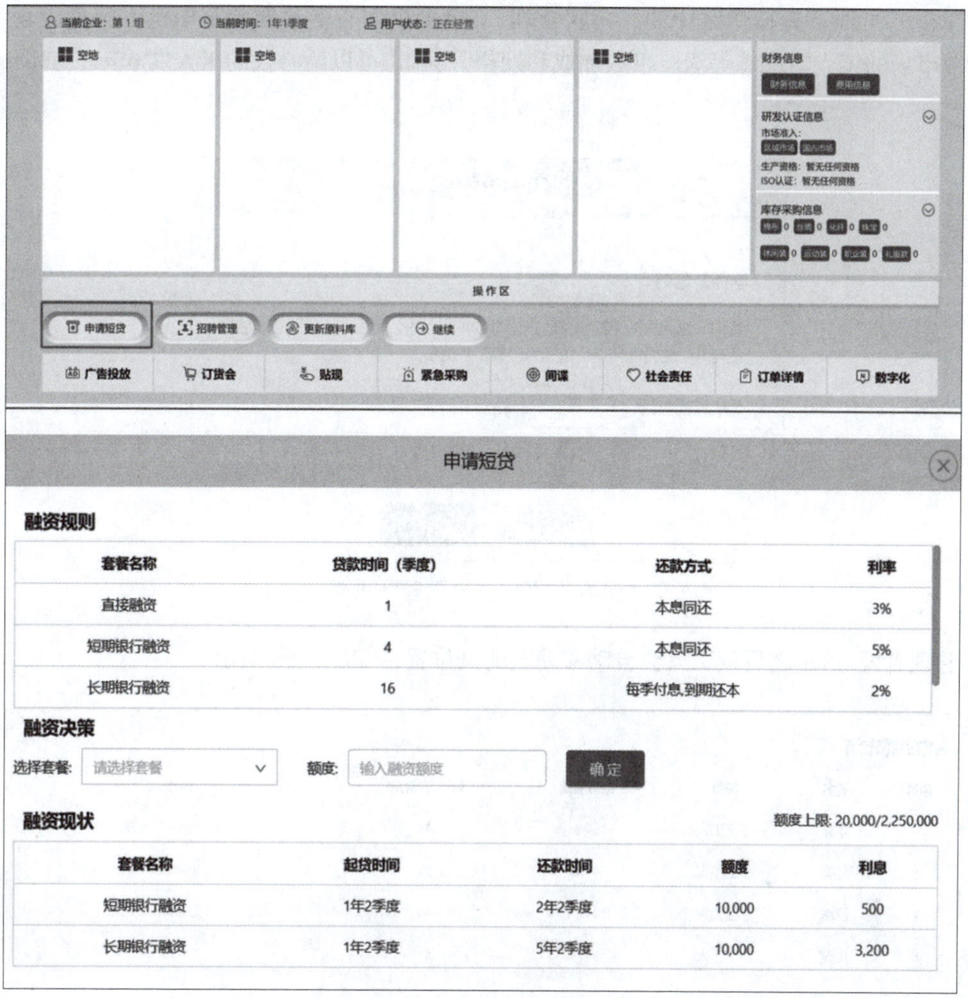

图 4-55　“申请短贷”页面

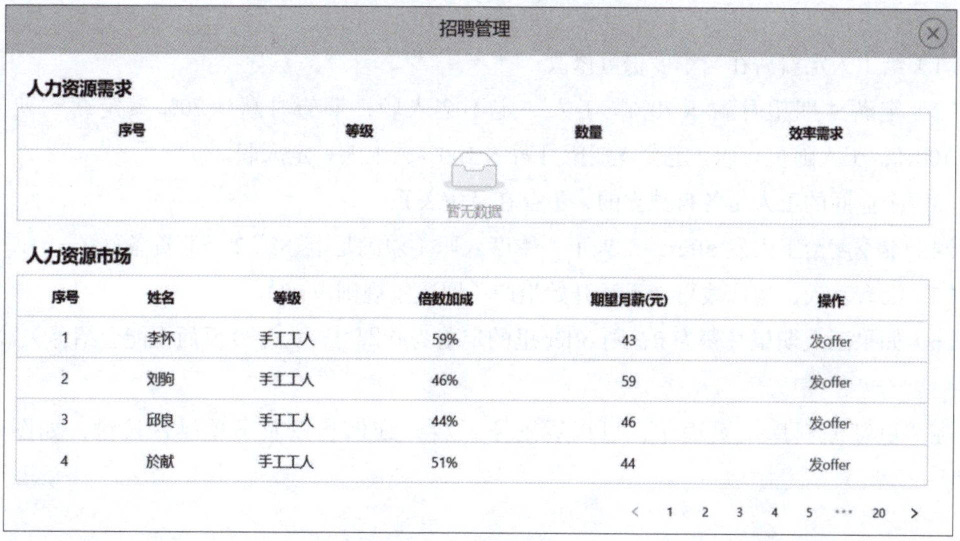

图 4-56　“招聘管理”页面

单击主页面下方操作区中的“招聘管理”，单击页面右下角的数字切换不同页面查看人力资源市场的工人情况（等级、倍数加成和期望月薪），可以给心仪的工人发 offer，如图 4-57 所示。

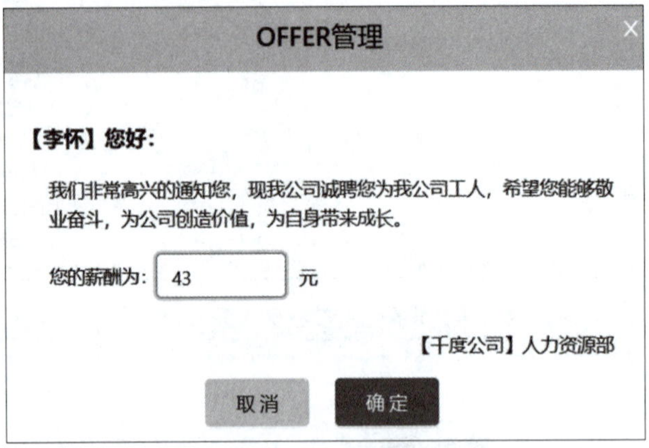

图 4-57 “OFFER 管理”页面

管理者发 offer 之后该工人会自动移动至前页位置，如图 4-58 所示。

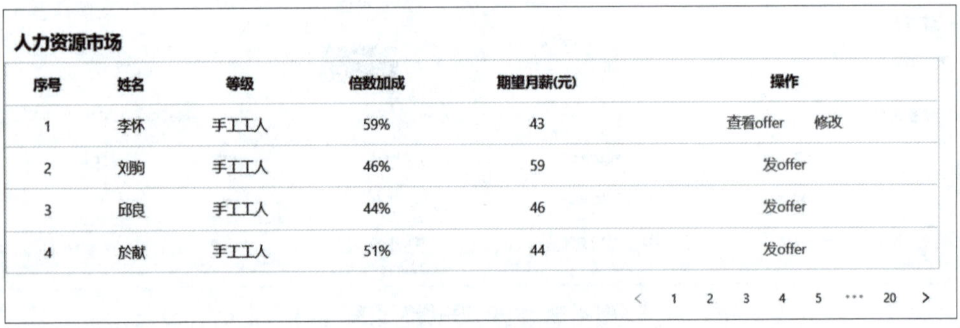
人力资源市场

序号	姓名	等级	倍数加成	期望月薪(元)	操作
1	李怀	手工工人	59%	43	查看offer 修改
2	刘驹	手工工人	46%	59	发offer
3	邱良	手工工人	44%	46	发offer
4	於献	手工工人	51%	44	发offer

< 1 2 3 4 5 ··· 20 >

图 4-58 人力资源市场

（1）给工人定薪后在当季度仍可修改。

（2）定薪＜期望月薪 ×70%，工人一定不会入职；期望月薪 ×70% ≤定薪＜期望月薪 ×100%，工人随机入职；定薪≥期望月薪 ×100%，工人一定入职。

（3）企业间的工人是各自独立的，不存在竞争关系。

（4）本季度给工人发 offer，工人下一季度入职（须满足上述第 2 条薪资条件）。

（5）没有工人，生产线可能无法开始生产（取决于规则设定）。

（6）如果工人期望月薪为 0，则 offer 里的定薪为 0 即可，大于 0 反而可能会招募失败。

5. 更新原料库、订购原料

在“更新原料库”页面中，可以看到原材料详细信息以及下单操作按键，如图 4-59 所示。

更新原料库

原料商店

编号	原料名称	本季度价格	剩余数量	送货期	账期	操作
1	R1	10,000	49,999	1季度	0季度	下单
2	R2	10,000	50,000	1季度	0季度	下单
3	R3	10,000	49,998	2季度	0季度	下单
4	R4	10,000	50,000	2季度	0季度	下单

< 1 >

原料订单　原料库存　产品库存

编号	订单编号	原料名称	数量	总价	收货期	操作
1	YL-02	R1	1	10,000	1年2季度	收货
2	YL-01	R3	2	20,000	1年3季度	收货

图 4-59　“更新原料库”页面

单击主页面下方操作区中“更新原料库”按钮，此处可进行以下几个操作：

（1）原料收货，单击“原料订单”里的“收货”，可以把当期到货的原料收货入库，如果选择未到期的原料收货，系统会提示“未到收货期，无法收货”。

（2）原料下单，单击“原料商店”里的“下单”，输入所需要预订的原料数量。

（3）出售原料库存，单击“原料库存”里的“出售”，把库存里的原材料打八折出售，如图 4-60 所示。

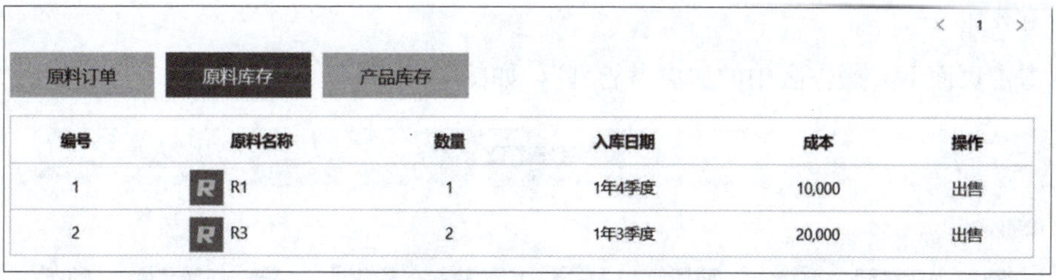

< 1 >

原料订单　原料库存　产品库存

编号	原料名称	数量	入库日期	成本	操作
1	R1	1	1年4季度	10,000	出售
2	R3	2	1年3季度	20,000	出售

图 4-60　“原料库存”选项卡

（4）出售产品库存，单击“产品库存”里的“出售”，将库存里的产成品八折出售，如图 4-61 所示。

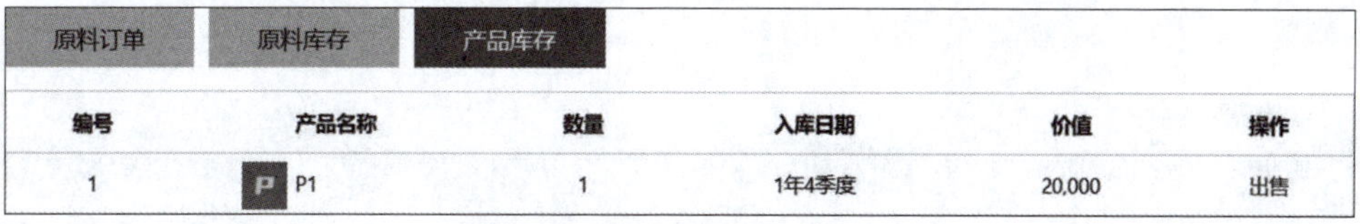

原料订单　原料库存　产品库存

编号	产品名称	数量	入库日期	价值	操作
1	P1	1	1年4季度	20,000	出售

图 4-61　“产品库存”选项卡

6. 工人管理

单击主页面下方操作区中“工人管理”，对各条生产线配置工人，如图 4-62 所示。

工人管理

设备管理

编号	线型	安装日期	基础产量	状态	产品标识	班次	普通工人	高级工人	实际产量	操作
1	自动线	1年1季度	1	停产	P1	8时制	邓... ×		1	保存
2	柔性线	1年1季度	1	停产	P2	8时制		刘乐 ×	1	保存
3	超级手工线	1年3季度	1	在产	P1	8时制			1	保存
4	超级手工线	1年3季度	1	在产	P1	8时制			1	保存

在职工人

招聘需求填报

编号	姓名	入职日期	等级	状态	效率	基础工资	计件工资
1	邓伊伊	1年2季度	普通工人	停工	19	0	0
2	刘乐	1年4季度	高级工人	停工	56	0	0

图 4-62 “工人管理”页面

注：

（1）各类生产线所需匹配的工人类型及数量详见系统规则（各规则不同）。

（2）生产线匹配工人时，需要先选择“班次”（通常默认为“8 时制”），再选择工人（在对应的“普通工人”或“高级工人”里选择可用工人），单击“保存”按钮，系统会自动计算出“实际产量”，如果实际产量为 0，则该生产线将无法开始生产。

（3）如果生产线工人配置错误，生产线无法开工生产，系统会提示“请先配置工人”。

（4）每个季度生产线开始生产前都需要进行工人匹配生产线的操作。

7. 设备管理

单击主页面下方操作区中的“设备管理”，如图 4-63 所示。

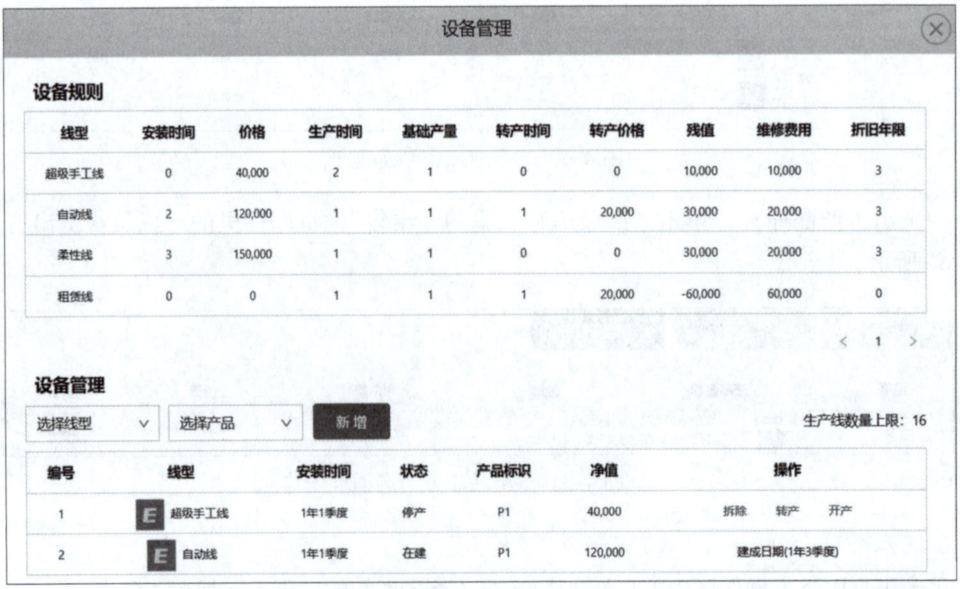
设备管理

设备规则

线型	安装时间	价格	生产时间	基础产量	转产时间	转产价格	残值	维修费用	折旧年限
超级手工线	0	40,000	2	1	0	0	10,000	10,000	3
自动线	2	120,000	1	1	1	20,000	30,000	20,000	3
柔性线	3	150,000	1	1	0	0	30,000	20,000	3
租赁线	0	0	1	1	1	20,000	-60,000	60,000	0

< 1 >

设备管理

选择线型 选择产品 新增 生产线数量上限：16

编号	线型	安装时间	状态	产品标识	净值	操作
1	E 超级手工线	1年1季度	停产	P1	40,000	拆除 转产 开产
2	E 自动线	1年1季度	在建	P1	120,000	建成日期(1年3季度)

图 4-63 设备管理

此处可进行以下几种操作：

（1）新建生产线，选择“设备管理”里的生产线类型和产品，单击“新增”按钮，新建生产线（生产线的价格一次性扣除），如果需要新建多条生产线，则需重复多次此操作。

（2）出售生产线，选择所要出售的生产线，单击“拆除”按钮，出售该条生产线（出售生产线一律按残值出售），如果需要出售多条生产线，则需重复多次此操作。

（3）生产线转产，选择所要转产的生产线，单击“转产”按钮，选择所要转产的产品，单击“确定”按钮，将该条生产线转产，如果需要转产多条生产线，则需重复多次此操作，如图 4-64 所示。

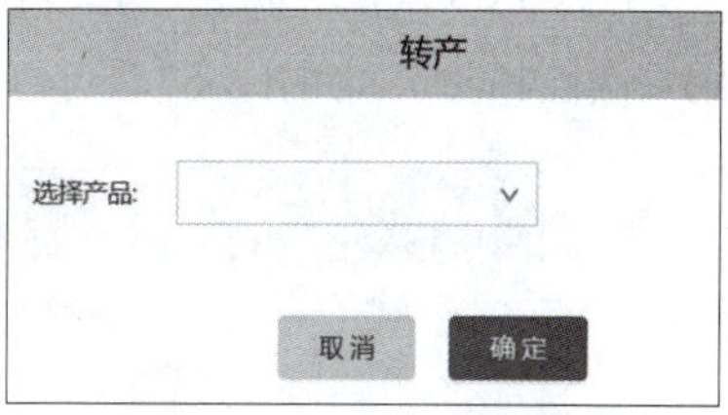

图 4-64　“转产”提示框

（4）生产线开产，选择所要开产的生产线，单击“开产”按钮，则该条生产线开始新一批生产，如果需要开产多条生产线，则需重复多次此操作。

8. 更新应收款

单击主页面下方操作区中的“更新应收款”，单击“收款”按钮，可将到期的应收款入账（注：如果不单击“收款”，应收款不会自动入账），如图 4-65 所示。

更新应收款

应收账款

ID	款项	借方	贷方	金额	备注	收款日期	操作
92915782627885056	订单收款	经销商	第二公司	50,000	交货收款	2年2季度	贴现
92915781273649152	订单收款	经销商	第二公司	50,000	交货收款	2年1季度	收款

图 4-65　“更新应收款”页面

9. 按订单交货

单击主页面下方操作区中的“按订单交货”，可根据产品库存的情况交货，如图 4-66 所示。

按订单交货

经销商订单

ID	订单编号	市场	产品	总价	数量	交货期	账期	认证	成本	操作
1	3	本地市场	P1	50,000	1	3季度	0季度	无	20,000	已交货
2	10	本地市场	P2	80,000	1	4季度	3季度	1	0	交货
3	27	区域市场	P1	50,000	1	3季度	1季度	无	20,000	已交货
4	36	区域市场	P2	70,000	1	3季度	1季度	无	30,000	已交货
5	46	国内市场	P1	170,001	3	4季度	1季度	1	0	交货
6	52	国内市场	P2	80,000	1	3季度	0季度	无	0	交货

图 4-66　“按订单交货”页面

10. 产品研发和ISO认证

单击主页面下方操作区中的“产品研发”，此处可进行以下几种操作：

（1）产品研发，单击“产品资质状态”中的“申请”按钮，研发产品（研发费用一次性扣除）。

（2）ISO认证，单击“ISO认证状态”中的“申请”按钮，进行ISO资质认证（认证费用一次性扣除），如图4-67所示。

产品研发

序号	资质名称	申请时间	需要资金(元)
1	P1	2季度	20,000
2	P2	3季度	30,000
3	P3	4季度	40,000
4	P4	4季度	80,000

< 1 >

产品资质状态 ISO认证状态

序号	产品名称	状态	申请期	完成期	操作
1	P1	申请中	1年1季度	1年3季度	
2	P2	申请中	1年1季度	1年4季度	
3	P3	未申请			申请
4	P4	未申请			申请

图4-67 “产品研发”页面

11. 市场开拓

单击主页面下方操作区中的“市场开拓”，单击“渠道管理”中的“开拓”按钮，完成所需市场的开拓操作，如图4-68所示。

市场开拓

渠道规则

序号	渠道名称	开拓周期	需要资金(元)
1	本地市场	2季度	10,000
2	区域市场	2季度	10,000
3	国内市场	4季度	20,000
4	亚洲市场	8季度	30,000

< 1 2 >

渠道管理

序号	渠道名称	状态	开拓期	完成期	操作
1	本地市场	开拓中	1年1季度	1年3季度	
2	区域市场	开拓中	1年1季度	1年3季度	
3	国内市场	开拓中	1年1季度	2年1季度	
4	亚洲市场	未开拓			开拓

图4-68 “市场开拓”页面

12. 更新应付款

单击主页面下方操作区中的“更新应付款”，单击“付款”按钮，支付本季所需要支付的到期原料款。

（1）原料款可以提前支付，例如图 4-68 中，付款日期为第 2 年第 1 季度的原料款，可以提前支付（比如在第 1 年第 4 季度支付）。

（2）如果跳过此步骤，在跳转下一季度的时候，系统自动更新应付款。如果现金不足以支付应付款，系统将判定用户破产，如图 4-69 所示。

更新应付款

应付账款

ID	款项	借方	贷方	金额	备注	付款日期	操作
1	订购原材料	小米科技	供应商	10,000	交易订单	2年1季度	付款
2	订购原材料	小米科技	供应商	10,000	交易订单	1年4季度	付款
3	订购原材料	小米科技	供应商	10,000	交易订单	1年4季度	付款

图 4-69　“更新应付款”页面

13. 填写报表

单击主页面下方操作区中的“填写报表”，填写“综合费用表”“利润表”“资产负债表”（注：所有数值非 0 的单元格均需手工填写）。填写完成单击“提交”按钮，系统会显示正确的报表，如果填写正确则显示为黑色，如果填写错误则显示为红色，如图 4-70 所示。

填写报表

综合费用表　利润表　资产负债表

展示模式: 录入数据/系统数据

项目	值
销售收入	16,000/16,000
直接成本	20,000/20,000
毛利	-4,000/-4,000
综合管理费用	252,000/252,000
折旧前利润	-256,000/-256,000
折旧	0/0
支付利息前利润	-256,000/-256,000
财务费用	0/600
营业外收支	0/0

图 4-70　“填写报表”页面

14. 填写财务指标

单击主页面下方操作区中“填写财务指标”，填写相关值。填写完成单击“提交”按钮，系统会显示正确的报表，如果填写正确则显示为黑色，如果填写错误则显示为红色，如图 4-71 所示。

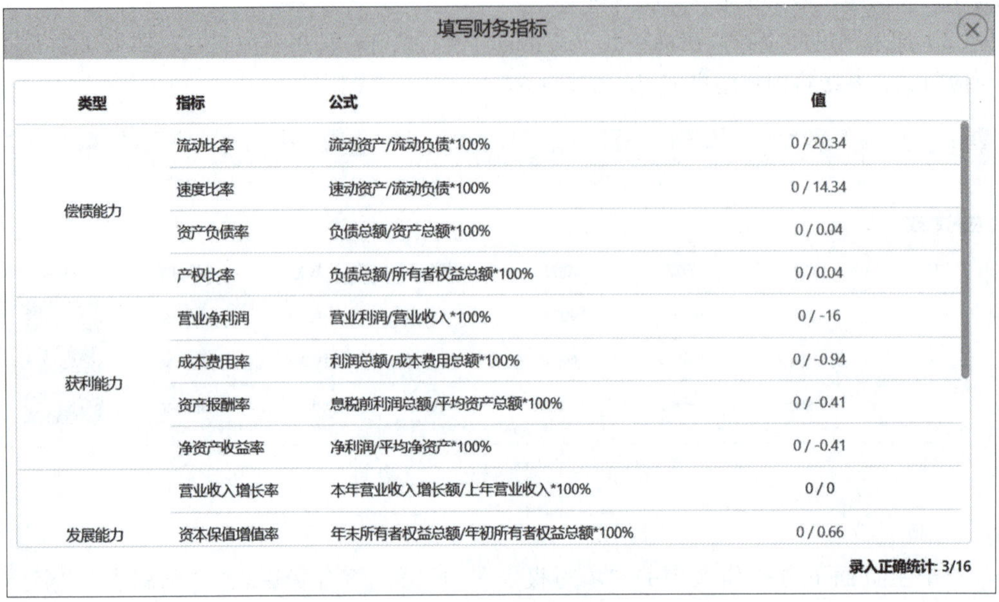

图 4-71 “填写财务指标”页面

15. 投放广告

单击主页面下方操作区中“投放广告”，填写广告金额。填写完成单击“提交”按钮，如图 4-72 所示。

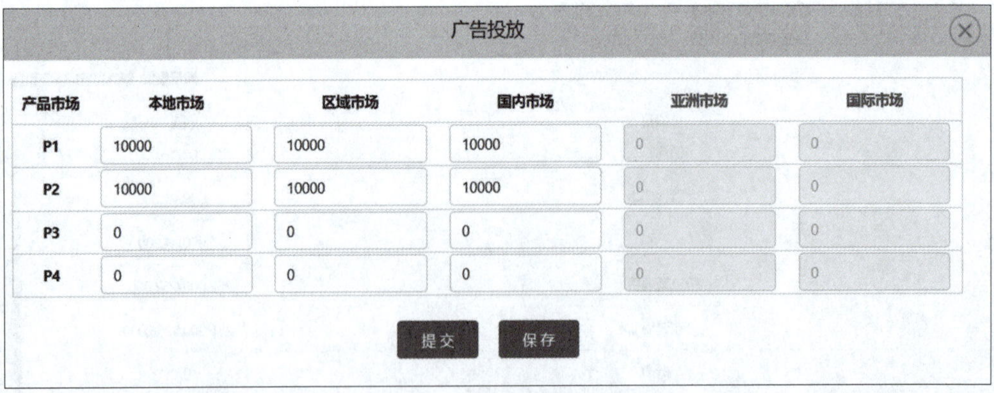

图 4-72 “广告投放”页面

16. 订货会

单击主页面下方操作区中“订货会”，可进行选单操作，如图 4-73 所示。

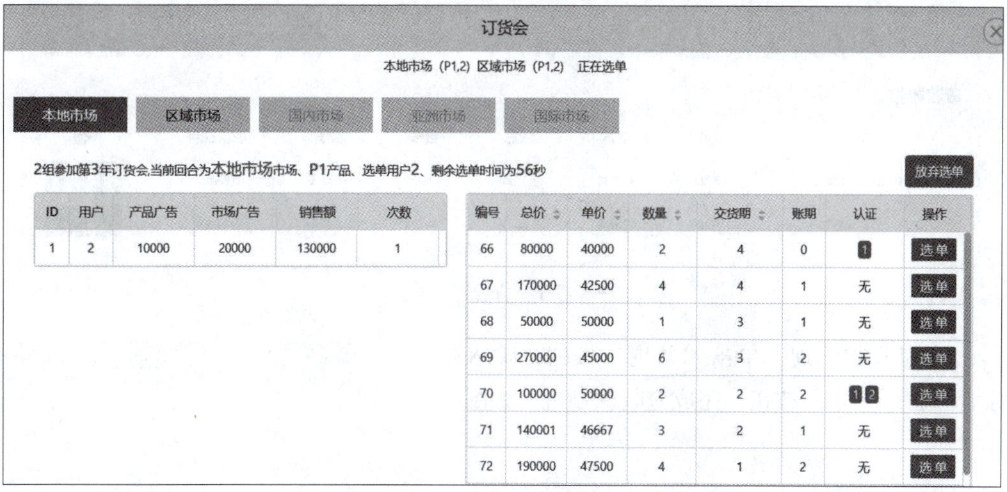
订货会

本地市场（P1,2）区域市场（P1,2）　正在选单

本地市场　区域市场　国内市场　亚洲市场　国际市场

2组参加第3年订货会,当前回合为本地市场市场、P1产品、选单用户2、剩余选单时间为56秒

放弃选单

ID	用户	产品广告	市场广告	销售额	次数
1	2	10000	20000	130000	1

编号	总价	单价	数量	交货期	账期	认证	操作
66	80000	40000	2	4	0	1	选单
67	170000	42500	4	4	1	无	选单
68	50000	50000	1	3	1	无	选单
69	270000	45000	6	3	2	无	选单
70	100000	50000	2	2	2	1 2	选单
71	140001	46667	3	2	1	无	选单
72	190000	47500	4	1	2	无	选单

图 4-73　“订货会”页面

17. 订单详情

单击主页面下方操作区中的“订单详情”，查看所选的订单。在订货会完成之后，就可以立刻交货。交货完成后，系统自动显示该张订单的成本。交货完需要手动刷新，系统的产成品库存将做相应改变，如图 4-74 所示。

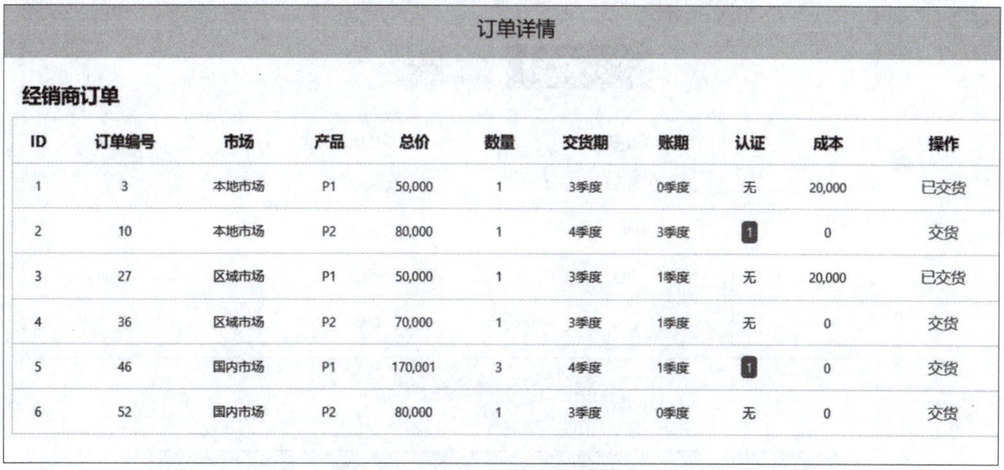
订单详情

经销商订单

ID	订单编号	市场	产品	总价	数量	交货期	账期	认证	成本	操作
1	3	本地市场	P1	50,000	1	3季度	0季度	无	20,000	已交货
2	10	本地市场	P2	80,000	1	4季度	3季度	1	0	交货
3	27	区域市场	P1	50,000	1	3季度	1季度	无	20,000	已交货
4	36	区域市场	P2	70,000	1	3季度	1季度	无	0	交货
5	46	国内市场	P1	170,001	3	4季度	1季度	1	0	交货
6	52	国内市场	P2	80,000	1	3季度	0季度	无	0	交货

图 4-74　“订单详情”页面

18. 贴现

单击主页面下方操作区中的“贴现”，查看应收账款金额及收款日期（见图 4-75）。此处可进行以下操作：

（1）如果当季有应收款到期，则在操作区显示为“收款”。单击“收款”按钮，可以把到期的应收款入账（注：如果订单应收账款账期为 0，也需要在贴现处单击“收款”按钮才能收到货款）。

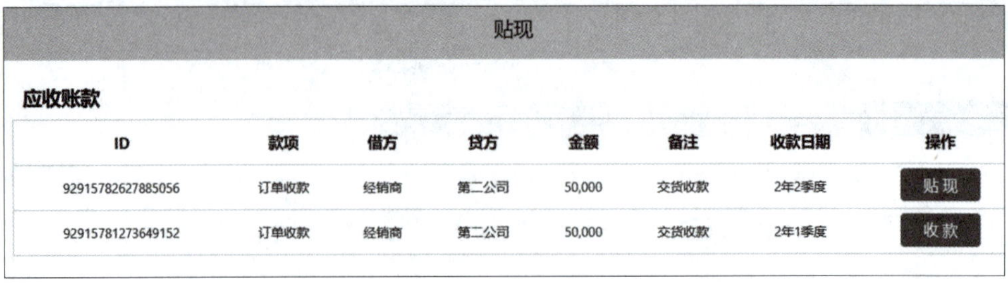

图 4-75 “贴现”页面

（2）应收款贴现，单击“贴现”按钮，输入贴现额度，单击“确定”按钮，完成应收款贴现，如图 4-76 所示。

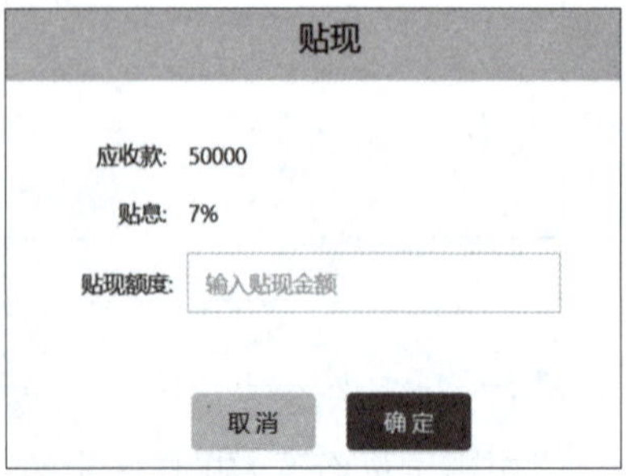

图 4-76 “贴现”页面

19. 紧急采购

单击主页面下方操作区中的“紧急采购”，可紧急采购原料和产品，如图 4-77 所示。

20. 间谍

选择想要查询的组号，筛选公司以及其他相关信息进行查询，如图 4-78 所示。

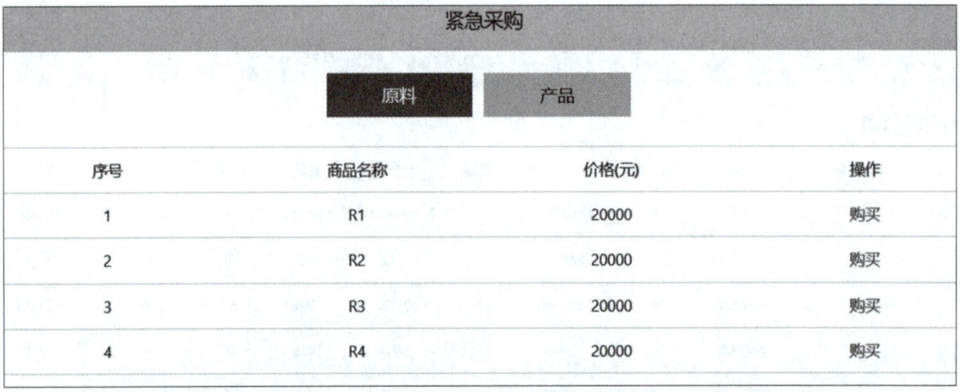

图 4-77 紧急采购

图 4-78 “间谍”页面

单击主页面下方操作区中“间谍”，可购买其他企业的相关情报。包括财务信息、产品库存、原料库存、产能明细，如图 4-79、图 4-80 所示。

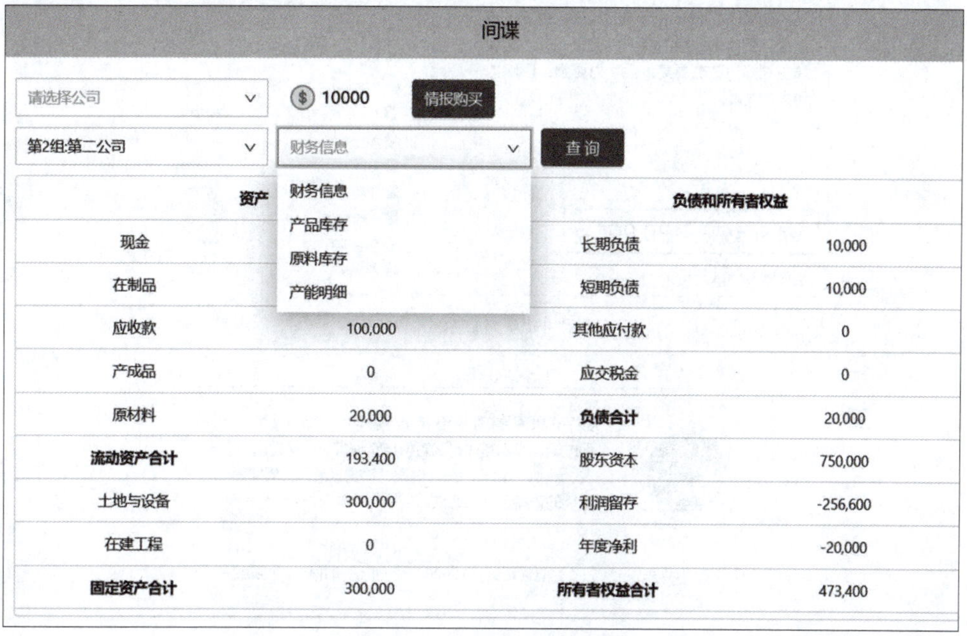

资产		负债和所有者权益	
现金		长期负债	10,000
在制品		短期负债	10,000
应收款	100,000	其他应付款	0
产成品	0	应交税金	0
原材料	20,000	负债合计	20,000
流动资产合计	193,400	股东资本	750,000
土地与设备	300,000	利润留存	-256,600
在建工程	0	年度净利	-20,000
固定资产合计	300,000	所有者权益合计	473,400

图 4-79　财务信息情报

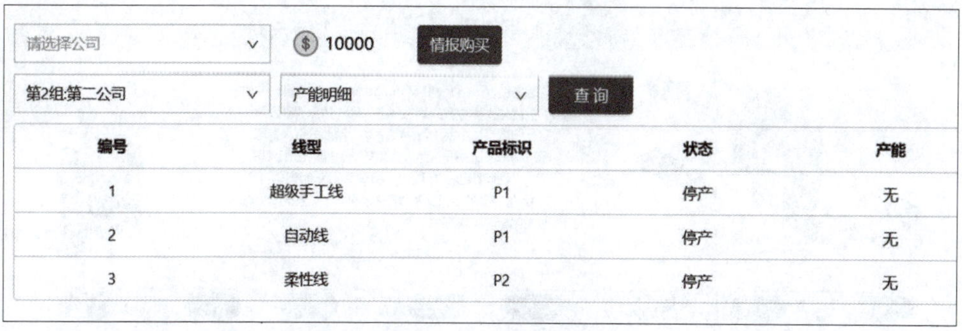

编号	线型	产品标识	状态	产能
1	超级手工线	P1	停产	无
2	自动线	P1	停产	无
3	柔性线	P2	停产	无

图 4-80　产线信息情报

21. 社会责任

单击主页面下方操作区中的“社会责任”，在“一流企业”里可查看当前企业总营收，如图 4-81 所示。

22. 数字化

单击主页面下方操作区中的“数字化”，可开启数字化建设，如图 4-82 所示。

当数字化建设完成后，选择好各条生产线所需要生产的产品，单击“开启智能生产”按钮，可实现一键生产，如图 4-83 所示。

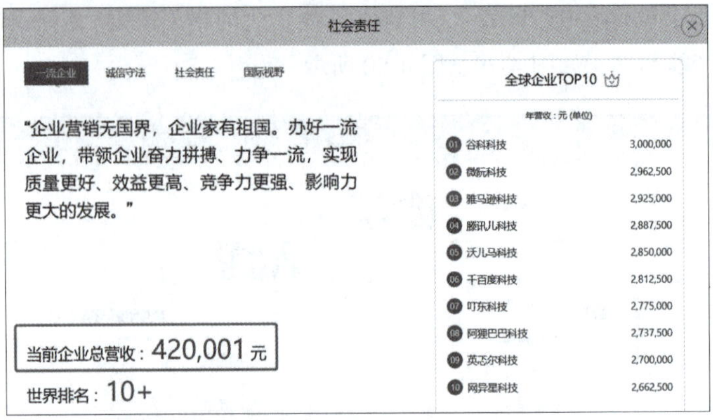

图 4-81 社会责任

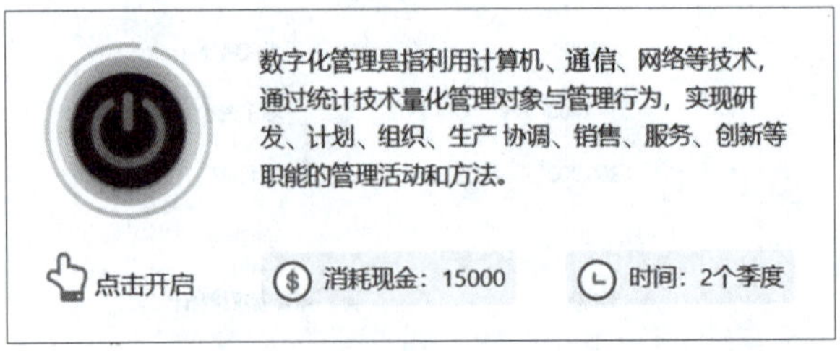

图 4-82 数字化开启按键

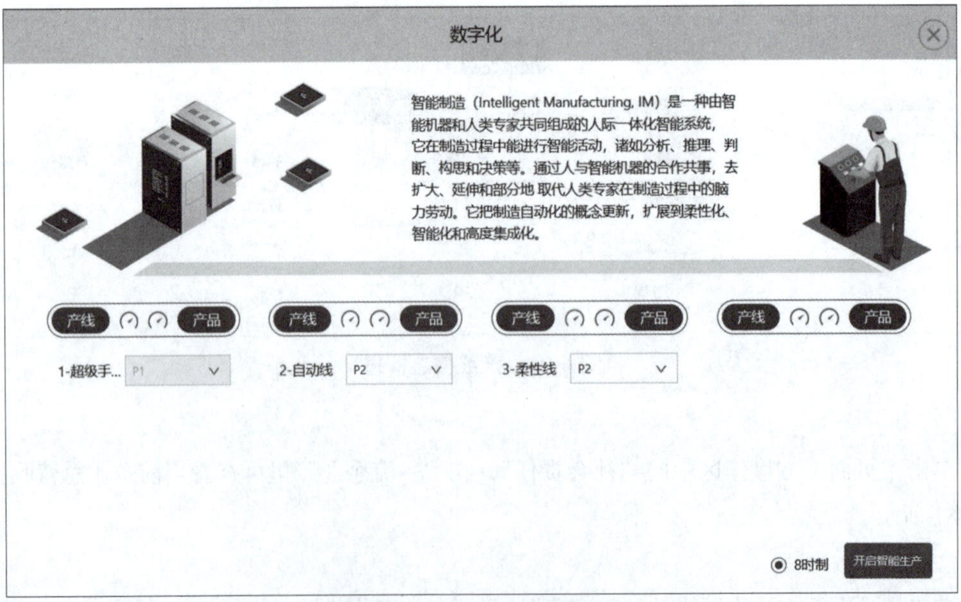

图 4-83 生产数字化界面

注：（1）所有生产线转产不需要转产费和转产周期；

（2）生产线生产不需要考虑原材料的数量是否充足，系统会默认生产所需的原材料已入库，材料费在“更新应付款”处支付（如果未在“更新应付款”处支付，系统将在跳转下一季度时自动扣除。）

四、“引导年”操作

开始操作时，学员对于前面介绍的“规则”通常处于似懂非懂状态，特别是对企业实际运作流程不了解。即便是企业老板，由于在企业内部一直负责某一项局部业务，对于其他业务也可能不是十分清楚。本书以“引导年”为例，带领所有小组一起完成一个年度的模拟经营，因此各个小组数据完全相同，之后可将数据还原，由各个小组再重新经营。这里可以把“引导年”理解为“企业新领导层”开始接管企业的磨合时期。

（一）沙盘初始状态

在沙盘模拟中主要涉及的财务报表是利润表、资产负债表和现金流量表，为了配合沙盘操作，所采用的利润表和资产负债表与实际财务报表相比稍有改动。假设本年为第一年，初期只有现金，企业其余资产一律为空，所以上年利润表也为空，资产负债表仅剩初始现金，见表 4-15。

表 4-15　初始资产表

资产 / 元		负债和所有者权益 / 元	
现金	1 000	长期负债	0
应收款	0	短期负债	0
在制品	0	其他应付款	0
产成品	0	应交税费	0
原材料	0	负债合计	0
流动资产合计	1 000	股东资本	1 000
机器与设备	0	利润留存	0
在建工程	0	年度净利	0
固定资产合计	0	所有者权益合计	0
资产总计	1 000	负债和所有者权益合计	1 000

在初始状态下，只有现金 1 000 元，企业的各项资产均需各学员购买。

（二）“引导年”操作流程

在本书中，为了让大家顺利、有序地完成各种模拟任务，通常采用任务清单方式进行梳理。

任务清单在训练之前发放或投屏在幕布上，各企业的各个总监跟随教师按任务清单进行各项操作。操作时依次在各任务清单中根据自身是否完成标记“√”或“×”。一年四个季度，任务项目的操作顺序是由上至下。

1. 第一年第一季度任务清单

第一年第一季度的任务清单见表 4-16。

表 4-16 任务清单

任务	数　据	金额 / 元	剩余现金 / 元	完成情况
初始化	完成企业信息填写	1 000	1 000	
当季开始	支付一季度企业管理费用	-10	990	
设备管理	新建 2 条标准产线，用于生产大骨汤	-360	630	
产品研发（1）	研发大骨汤、珍骨汤	-290	340	
产品研发（2）	研发 ISO 9000，ISO 14000	-200	140	
市场开拓	开拓非洲市场、欧洲市场	-120	20	

依据上述表格，操作流程如下：

（1）单击“当季开始”按钮，单击“缴纳”按钮，支付本季度的管理费用。

（2）单击“继续”按钮，单击“确认”按钮进入下一个环节。

（3）再次单击“继续”按钮，单击“确认”按钮进入下一个环节。

（4）单击“设备管理”按钮。在“选择线型”下拉列表中选择“标准产线”，在“选择产品”下拉列表中选择“P1 大骨汤”，单击“确定”按钮。完成建设，共操作两次，完成两条标准产线建设。

（5）单击“继续”按钮，单击“确认”按钮进入下一个环节。

（6）单击“产品研发”按钮,在“产品资质状态”页面单击“大骨汤”“珍骨汤”“口味好”“汤好喝”对应的“申请”按钮。

（7）单击“产品研发”按钮，在 ISO 认证状态页面，单击“ISO 9000”“ISO 14000”分别对应的“认证”按钮。

（8）单击“市场开拓”按钮，在“非洲市场”和“欧洲市场”右侧单击“开拓”按钮。

2. 第一年第二季度任务清单

第一年第二季度任务清单见表 4-17。

表 4-17 第一年第二季度任务清单

任务	数　据	金额 / 元	剩余现金 / 元	完成情况
现金		20	20	
长期贷款	申请 1 000 元长期贷款	1 000	1 020	
当季开始	支付二季度企业管理费用	-10	1 010	
招聘管理	招聘 10 个手工工人，4 个高级工人（期望工资）	0	1 010	
订购原料	订购 4 个 R1 小麦粉原料	0	1 010	
市场开拓	开拓国内市场、亚洲市场	-40	970	
数字化	开启企业数字化建设	-200	770	

依据上述表格，操作流程如下：

（1）单击“长期贷款”按钮，在“选择套餐”中选择“长期银行融资”，在“额度”对话框中输入“1 000”。

（2）单击“当季开始”按钮，单击“缴纳”按钮，支付本季度的管理费用。

（3）单击“继续”按钮，单击“确认”按钮进入下一个环节。

（4）单击“招聘管理”按钮，在“人力资源市场”中选择“10 个手工工人和 4 个高级工人”，在右侧单击“发 offer”，在弹出的对话框中输入该工人的期望工资。

（5）单击“继续”按钮，单击“确认”按钮进入下一个环节。

（6）单击“订购原料”按钮，在“原料商店”中选择“R1 小麦粉”，在右侧单击“下单”按钮，填入“4”，单击“确定”按钮即可。

（7）单击“继续”按钮，点击“确认”按钮进入下一个环节。

（8）单击“市场开拓”按钮,在“国内市场”“亚洲市场”“美洲市场”右侧单击“开拓”按钮。

（9）单击右下方“数字化”按钮，单击“开启”按钮，进行企业数字化建设。

3. 第一年第三季度任务清单

第一年第三季度任务清单见表 4-18。

表 4-18　第一年第三季度任务清单

任务	数　据	金额 / 元	剩余现金 / 元	完成情况
现金		770	770	
当季开始	支付企业三季度管理费用以及长期贷款的利息	-30	740	
更新原料库	原材料收货	0	740	
订购原料	订购 3 个 R1 小麦粉原料	0	740	
工人管理	配置生产线上工人	0	740	
设备管理	新建 1 条租赁线和 1 条超级手工线，用于生产大骨汤，开始生产	-160	580	
更新应付款	支付原材料费用	-40	540	

依据上述表格，操作流程如下：

（1）单击“当季开始”按钮，单击“缴纳”按钮，支付本季度的管理费用以及长期贷款产生的利息费用。

（2）单击“继续”按钮，单击“确认”按钮进入下一个环节。

（3）单击“更新原料库”按钮，在“原料订单”中，在右侧单击“收货”按钮。

（4）单击“继续”按钮，单击“确认”按钮进入下一个环节。

（5）单击“订购原料”按钮，在“原料商店”中选择“R1 小麦粉”，在右侧单击“下单”按钮，填入“3”，单击“确定”按钮即可。

（6）单击“设备管理”按钮。在“选择线型”下拉列表中选择“租赁线”，在“选择产品”下拉列表中选择“P1 大骨汤”，单击“确定”按钮，完成建设。在“选择线型”下拉列表中选择“超级手工线”,在“选择产品”下拉列表中选择“P1 大骨汤”,单击“确定”按钮。完成建设。

（7）单击“工人管理”按钮，在“设备管理”界面的每条生产线中，“班次”选择“8 时制”，按照生产规则标准产线配置 3 个手工工人和 1 个高级工人；租赁线配置 2 个手工工人和 1 个高级工人；超级手工线配置 2 个手工工人和 1 个高级工人，单击“保存”按钮即可。

（8）单击“设备管理”按钮，单击“开产”按钮执行生产。

（9）单击“继续”按钮，单击“确认”按钮进入下一个环节。

（10）单击“更新应付款”，单击“付款”按钮，支付原材料费用。

4. 第一年第四季度任务清单

第一年第四季度任务清单见表4-19。

表4-19 第一年第四季度任务清单

任务	数　据	金额/元	剩余现金/元	完成情况
现金		540	540	
长期贷款		0		
当季开始	支付企业三季度管理费用以及长期贷款的利息	-30	510	
更新原料库	原材料收货	0	510	
数字化管理	单击数字化，进行智能生产	-60	450	
更新应付款	支付原材料费用	-30	420	
填写报表				
财务指标填写				

依据上述表格，操作流程如下：

（1）单击“当季开始”按钮，单击“缴纳”按钮，支付本季度的管理费用以及长贷产生的利息费用。

（2）单击“继续”按钮，单击“确认”按钮进入下一个环节。

（3）单击“更新原料库”按钮，在“原料订单”中，在右侧单击“收货”按钮。

（4）单击“继续”按钮，单击“确认”按钮进入下一个环节。

（5）单击“数字化”按钮。在不同生产线中，在“产品”列，选择“大骨汤”产品，并单击右侧下方“开启智能生产”按钮，执行生产制造。

（6）单击“继续”按钮，单击“确认”按钮进入下一个环节。

（7）单击“更新应付款”，单击“付款”按钮，支付原材料费用。

（8）单击“填写报表”，进入财务报表填写页面，填写完成后可单击“保存”和“提交”按钮，提交报表后，将无法进行其他操作。

（9）单击“填写财务指标”，进入财务填写指标页面，填写完成后单击“保存”按钮，单击“本年结束”按钮。

5. 第二年第一季度任务清单

第二年第一季度任务清单见表4-20。

表4-20 第二年第一季度任务清单

任务	数　据	金额/元	剩余现金/元	完成情况
年初资金		420	420	
广告投放		40	380	
订货会		0	380	
当季开始	支付企业一季度管理费用以及长期贷款的利息	-30	350	
数字化管理		-80	270	
更新应付款	支付原材料费用	-40	230	

依据上述表格，操作流程如下：

（1）单击左下方“广告投放”按钮，在“大骨汤”一行对应的“国内市场”“亚洲市场”“非洲地产”，在对应输入框中各输入“10”，在“珍骨汤”的“非洲市场”的输入框中输入“10”。

（2）单击上方的“公告信息”，单击“下载公告文件”，下载老师下发的广告信息文件。

（3）单击左下方的“订货会”，等待老师开启“订货会”，开启后选择订单，总共可以选择1季度交货7个“大骨汤”订单；2季度交货3个“大骨汤”或“珍骨汤”；3季度交货4个“大骨汤”或“珍骨汤”；4季度交货3个“大骨汤”或“珍骨汤”。

（4）单击“当季开始”按钮，单击“缴纳”按钮，支付本季度的管理费用以及长贷产生的利息费用。

（5）单击“继续”按钮，单击“确认”按钮进入下一个环节。

（6）单击“继续”按钮，单击“确认”按钮进入下一个环节。

（7）单击“数字化”按钮。在不同生产线中，在“产品”列，选择“大骨汤”或“珍骨汤”产品，并单击右侧下方“开启智能生产”按钮，执行生产制造。

（8）单击“继续”按钮，单击“确认”按钮进入下一个环节。

（9）单击“按订单交货”按钮，选择可以提交的订单，单击“交货”按钮。

（10）单击“更新应付款”，单击“付款”按钮，支付原材料费用。

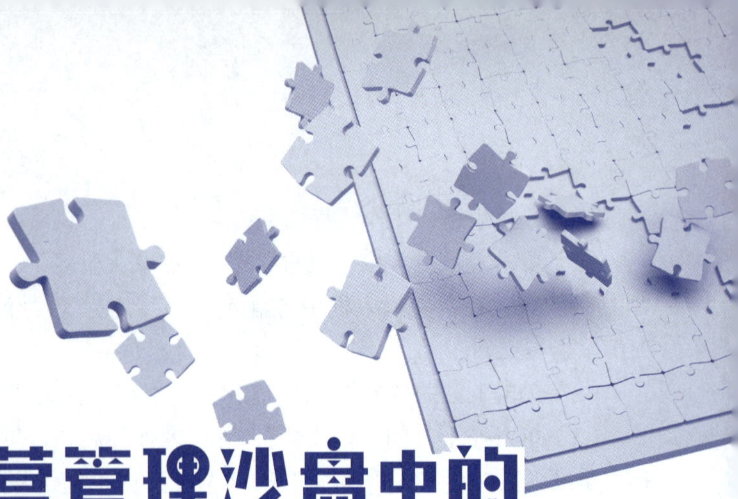

第五章 数智企业经营管理沙盘中的企业发展规划

一、年初规划会议

一年之计在于春。在一年之初，企业应当谋划全年的经营，预测可能出现的问题和情况，分析可能面临的问题和困难，寻找解决问题的途径和办法，使企业未来的经营活动处于掌控之中。为此，企业首先应当召集各位业务主管召开新年度规划会议，初步制定企业本年度的投资规划，接着，营销总监参加一年一度的产品订货会，竞争本年度的销售订单；然后，根据销售订单情况，调整企业本年度的投资规划，制定本年度的工作计划，开始本年度的各项工作。

（一）新年度规划会议

常言道：“预则立，不预则废。”在开始新的一年经营之前，CEO 应当召集各位业务主管召开新年度规划会议，根据各位主管掌握的信息和企业的实际情况，初步提出企业在新一年的各项投资规划，包括市场和认证开发、产品研发、设备投资、生产经营等规划。同时，为了能准确地在一年一度的产品订货会上争取销售订单，还应当根据规划精确地计算出企业在该年的产品完工数量，确定企业的可接订单数量。

1. 新年度全面规划

新年度规划涉及企业在新的一年如何开展各项工作的问题。通过制定新年度规划，可以使各位业务主管做到在经营过程中胸有成竹，知道自己在什么时候该干什么，可以有效预防经营过程中决策的随意性和盲目性，减少经营失误；同时，在制定新年度规划时，各业务主管已经就各项投资决策达成了共识，可以使各项经营活动有条不紊地进行，可以有效提高团队的合作精神，鼓舞士气，提高团队的战斗力和向心力，使团队成员之间更加团结、协调、和谐。

新年度全面规划内容涉及企业的发展战略规划、投资规划、生产规划和资金筹集规划等。要做出科学合理的规划，企业应当结合目前和未来的市场需求、竞争对手可能的策略以及本企业的实际情况进行。在进行规划时，企业首先应当对市场进行准确的预测，包括预测各个市场产品的需求状况和价格水平，预测竞争对手可能的目标市场和产能情况，预测各个竞争对手在新的一年的资金状况（资金的丰裕和不足将极大地影响企业的投资和生产），在此基础上，各业务主管提出新年度规划的初步设想，大家就此进行论证，最后，在权衡各方利弊得失后，做出企业新年度的初步规划。企业在进行新年度规划时，可以从以下方面展开：

（1）市场开拓规划。企业只有开拓了市场才能在该市场销售产品。企业拥有的市场决定了企业产品的销售渠道。开拓市场投入资金会导致企业当期现金的流出，增加企业当期的开拓费用，减少当期的利润。所以，企业在制订市场开拓规划时，应当考虑当期的资金情况和所有者权益情况。只有在资金有保证，减少的利润不会对企业造成严重后果（比如，由于开拓市场增加费用而减少的利润使企业所有者权益为负数）时才能进行。在进行市场开拓规划时，企业主要应当明确几个问题：

①企业的销售策略是什么？企业可能会考虑哪个市场产品价格高就进入哪个市场，也可能是哪个市场需求大就进入哪个市场，也可能两个因素都会考虑。企业应当根据销售策略明确需要开拓什么市场、开拓几个市场。

②企业的目标市场是什么？企业应当根据销售策略和各个市场产品的需求状况、价格水平、竞争对手的情况等明确企业的目标市场。

③什么时候开拓目标市场？在明确了企业的目标市场后，还涉及什么时候进入目标市场的问题，企业应当结合资金状况和产品生产情况明确企业目标市场的开拓时间。

（2）ISO 认证开发规划。企业只有取得 ISO 认证资格，才能在竞单时取得标有 ISO 条件的订单。不同的市场、不同的产品，不同的时期，对 ISO 认证的要求是不同的，不是所有的市场在任何时候对任何产品都有 ISO 认证要求。所以，企业应当对是否进行 ISO 认证开发进行决策。同样，要进行 ISO 认证，需要投入资金。如果企业决定进行 ISO 认证开发，也应当考虑对资金和所有者权益的影响。由于 ISO 认证开发是分期投入的，为此，在进行开发规划时，应当考虑以下几个问题：

①开发何种认证？ISO 认证包括 ISO9000 认证和 ISO14000 认证。企业可以只开发其中的一种，或者两者都开发。到底开发哪种，取决于企业的目标市场对 ISO 认证的要求，取决于企业的资金状况。

②什么时候开发？认证开发可以配合市场对认证要求的时间来进行。企业可以从有关市场预测的资料中了解市场对认证的要求情况。一般而言，时间越靠后，市场对认证的要求会越高。企业如果决定进行认证开发，在资金和所有者权益许可的情况下，可以适当提前开发。

（3）产品研发投资规划。企业在经营前期，产品品种单一，销售收入增长缓慢。企业如果要增加收入，就必须多销售产品。而要多销售产品，除了销售市场要足够多之外，还必须要有多样化的产品，因为每个市场对单一产品的需求总是有限的。为此，企业需要做出是否进行新产品研发的决策。企业如果要进行新产品的研发，就需要投入资金，同样会影响当期现金流量和所有者权益。所以，企业在进行产品研发投资规划时，应当注意以下几个问题：

①企业的产品策略是什么？由于企业可以研发的产品品种多样，企业需要做出研发哪几种产品的决策。由于资金、产能的原因，企业一般不同时研发所有的产品，而是根据市场的需求和竞争对手的情况，选择其中的一种或两种进行研发。

②企业从什么时候开始研发哪些产品？企业决定要研发产品的品种后，需要考虑的就是什么时候开始研发以及研发什么产品的问题。不同的产品可以同时研发，也可以分别研发。企业可以根据市场、资金、产能、竞争对手的情况等方面来确定。

（4）设备投资规划。企业生产设备的数量和质量影响产品的生产能力。企业要提高生产能力，就必须对落后的生产设备进行更新，补充现代化的生产设备。要更新设备，需要用现金支付设备款，支付的设备款计入当期的在建工程，设备安装完成后，增加固定资产。所以，设备投资支付的现金不影响当期的所有者权益，但会影响当期的现金流量。正是因为设备投资会影响现金流量，所以，在设备投资时，应当重点考虑资金的问题，防止出现由于资金问题而使投资中断，或者投资完成后由于没有资金不得不停工待料等情况。企业在进行设备投资规划时，应当考虑以下几个问题：

①新的一年，企业是否要进行设备投资？应当说，每个企业都希望扩大产能、扩充新生产线、改造落后的生产线，但是，要扩充或更新生产线涉及时机的问题。一般而言，企业如果资金充裕，未来市场容量大，就应当考虑进行设备投资，扩大产能。反之，就应当暂缓或不进行设备投资。

②扩建或更新什么生产线？由于生产线有手工、半自动、全自动和柔性四种，这就涉及该选择什么生产线的问题。一般情况下，企业应当根据资金状况和生产线是否需要转产等做出决策。

③扩建或更新几条生产线？如果企业决定扩建或更新生产线，还涉及具体的数量问题。扩建或更新生产线的数量，一般根据企业的资金状况、厂房内生产线位置的空置数量、新研发产品的完工时间等来确定。

④什么时候扩建或更新生产线？如果不考虑其他因素，应该说生产线可以在流程规定的每个季度进行扩建或更新，但是，实际运作时，企业不得不考虑当时的资金状况、生产线完工后上线的产品品种、新产品研发完工的时间等因素。一般而言，如果企业有新产品研发，生产线建成的时间最好与其一致（柔性和手工线除外），这样可以减少转产和空置的时间。从折旧的角度看，生产线的完工时间最好在某年的第一季度，这样可以相对减少折旧费用。

2. 确定可接订单的数量

在新年度规划会议以后，企业要参加一年一度的产品订货会。企业只有参加产品订货会，才能争取到当年的产品销售订单。在产品订货会上，企业要准确拿单，就必须准确计算出当年的产品完工数量，据此确定企业当年甚至每一个季度的可接订单数量。企业某年某产品可接订单数量的计算公式为：

某年某产品可接订单数量 = 年初该产品的库存量 + 本年该产品的完工数量

该公式中，年初产品的库存量可以从沙盘盘面的仓库中找到，也可以从营销总监的营运记录单中找到（实际工作中从有关账簿中找到）。这里，关键是确定本年完工产品数量。

完工产品数量是生产部门通过排产来确定的。在沙盘企业中，生产总监根据企业现有生产线的生产能力，结合企业当期的资金状况确定产品上线时间，再根据产品的生产周期推算产品的下线时间，从而确定出每个季度、每条生产线产品的完工情况。为了准确测算产品的完工时间和数量，沙盘企业可以通过编制“产品生产计划”来进行。当然，企业也可以根据产品上线情况同时确定原材料的需求数量，这样，两者结合，既可以确定产品的完工时间和完工数量，又可以确定每个季度原材料的需求量。

下面举例介绍该计划的编制方法。企业某年年初有手工生产线、半自动生产线和全自动生产线各一条（全部空置），预计从第一季度开始在手工生产线上投产 P1 产品，在半自动和全自动生产线上投产 P2 产品（假设产品均已开发完成，可以上线生产；原材料能满足生产需要）。我们可以根据各生产线的生产周期编制产品生产及材料需求计划，企业从第一季度开始连续投产加工产品，第一年第一季度没有完工产品，第二季度完工 1 个 P2 产品，在第三季度完工 2 个 P2 产品，第四季度完工 1 个 P1 产品和 1 个 P2 产品。同时，我们还可以看出企业在每个季度原材料的需求数量。根据该生产计划提供的信息，营销总监可以据此确定可接订单数量，采购总监可以据此作为企业材料采购的依据。

需要注意的是，在编制“产品生产及材料需求计划”时，企业首先应明确产品在各条生产线上的投产时间，然后根据各生产线的生产周期推算每条生产线投产产品的完工时间，最后，将各条生产线完工产品的数量加总，得出企业在某一时期每种产品的完工数量。同样，依据生产与用料的关系，企业根据产品的投产数量可以推算出各种产品投产时需要投入的原材料数量，然后，将各条生产线上需要的原材料数量加总，可以得到企业在每个季度所需要的原材料数量。采购总监可以根据该信息确定企业需要采购什么、什么时间采购、采购多少等。

（二）参加订货会、支付广告费、登记销售订单

销售产品必须要有销售渠道。对于沙盘企业而言，销售产品的唯一途径就是参加产品订货会，争取销售订单。参加产品订货会需要在目标市场投放广告费，只有投放了广告费，企业才有资格在该市场争取订单。

在参加订货会之前，企业需要分市场、分产品在“竞单表”上登记投放的广告费金额。“竞单表”是企业争取订单的唯一依据，也是企业当期支付广告费的依据，应当采取科学的态度，认真对待。

一般情况下，营销总监代表企业参加订货会，争取销售订单。但为了从容应对竞单过程中可能出现的各种复杂情况，企业也可由营销总监与 CEO 或采购总监一起参加订货会。竞单时，应当根据企业的可接订单数量选择订单，尽可能按企业的产能争取订单，使企业生产的产品在当年全部销售。应当注意的是，企业争取的订单一定不能突破企业的最大产能，否则，如果不能按期交单，将给企业带来巨大的损失。

沙盘企业中，广告费一般在参加订货会后一次性支付。所以，企业在投放广告时，应当充分考虑企业的支付能力。也就是说，投放的广告费一般不能突破企业年初未经营前现金库中的现金余额。

为了准确掌握销售情况，科学制定本年度工作计划，企业应将参加订货会争取的销售订单进行登记。拿回订单后，财务总监和营销总监分别在任务清单的“订单登记表”中逐一对订单进行登记。为了将已经销售和尚未销售的订单进行区分，营销总监在登记订单时，只登记订单号、销售数量、账期，暂时不登记销售额、成本和毛利，当产品销售时，再进行登记。

（三）制订新年度计划

企业参加订货会取得销售订单后，已经明确了当年的销售任务。企业应当根据销售

订单对前期制订的新年度规划进行调整，制订新年度工作计划。新年度工作计划是企业在新的一年为了开展各项经营活动而事先进行的工作安排，它是企业执行各项任务的基本依据。新年度工作计划一般包括投资计划、生产计划、销售计划、采购计划、资金筹集计划等。沙盘企业中，当企业取得销售订单后，企业的销售任务基本明确，已经不需要制定销售计划了。这样，企业的新年度计划主要围绕生产计划、采购计划和资金的筹集计划来进行。

为了使新年度计划更具有针对性和科学性，计划一般是围绕预算来制定的。预算可以将企业的经营目标分解为一系列具体的经济指标，使生产经营目标进一步具体化，并落实到企业的各个部门，这样企业的全体员工就有了共同努力的方向。沙盘企业中，通过编制预算，特别是现金预算，可以在企业经营之前预见经营过程中可能出现的现金短缺或盈余，便于企业安排资金的筹集和使用；同时，通过预算，可以对企业的规划及时进行调整，防止出现由于资金断流而破产的情况。

现金预算，首先需要预计现金收入和现金支出。实际工作中，现金收入和支出只能进行合理的预计，很难进行准确的测算。沙盘企业中，现金收入相对比较单一，主要是销售产品收到的现金，可以根据企业的销售订单和预计交单时间准确地估算。现金支出主要包括投资支出、生产支出、采购材料支出、综合费用支出和日常管理费用支出等。这些支出可以进一步分为固定支出和变动支出两部分。固定支出主要是投资支出、综合费用支出、管理费用支出等，企业可以根据规则和企业的规划准确计算。变动支出是随产品生产数量的变化而变化的支出，主要是生产支出和材料采购支出。企业可以根据当年的生产线和销售订单情况安排生产，在此基础上通过编制“产品生产与材料需求计划”，准确地测算出每个季度投产所需要的加工费。同时，根据材料需求计划确定材料采购计划，准确确定企业在每个季度采购材料所需要的采购费用。这样，通过预计现金收入和现金支出，可以比较准确地预计企业现金的短缺或盈余。如果现金短缺，就应当想办法筹集资金，如果不能筹集资金，就必须调整规划或计划，减少现金支出。反之，如果现金有较多盈余，可以调整规划或计划，增加长期资产的投资，增强企业的后续发展实力。

实际工作中，企业要准确编制预算，首先应预计预算期产品的销售量，在此基础上编制销售预算，预计现金收入。之后，编制生产预算和费用预算，预计预算期的现金支出，最后编制现金预算。沙盘企业中，预算编制的程序与实际工作基本相同，但由于业务简化，可以采用简化的程序，即根据销售订单，先编制产品生产计划，再编制材料采购计划，最后编制现金预算。

1. 生产计划

沙盘企业中，编制生产计划的主要目的是确定产品投产的时间和投产的品种（当然也可以预计产品完工的时间），从而预计产品投产需要的加工费和原材料。生产计划主要包括产品生产及材料需求计划、开工计划、原材料需求计划等。

前面我们已经介绍，企业在参加订货会之前，为了准确计算新年产品的完工数量，已经根据自己的生产线情况编制了“产品生产及材料需求计划”。但是，由于取得的销售订单可能与预计有差异，企业有时需要根据取得的销售订单对产品生产计划进行调整，为此，就需要重新编制该计划。然后，企业根据确定的新的“产品生产及材料需求计划”，编制“开工计划”

和“材料需求计划”。

“开工计划”是生产总监根据“产品生产及材料需求计划”编制的，它将各条生产线产品投产数量按产品加总，将分散的信息集中在一起，可以直观看出企业在每个季度投产了哪些产品、分别有多少。同时，根据产品的投产数量，能准确确定出每个季度投产产品所需要的加工费。财务总监根据该计划提供的加工费信息，作为编制现金预算的依据之一。

例如，根据“产品生产及材料需求计划”编制该企业的“开工计划”。从“产品生产及材料需求计划”可以看出，企业在第一季度投产 1 个 P1，2 个 P2，共计投产 3 个产品。根据规则，每个产品上线需投入加工费 1 万元，第一季度投产 3 个产品，需要 3 万元的加工费。同样，企业根据产品投产数量可以推算出第二、三、四季度需要的加工费。

生产产品必须要有原材料，没有原材料，企业就无法进行产品生产。企业要保证材料的供应，就必须事先知道企业在什么时候需要什么材料、需要多少。企业可以根据“产品生产及材料需求计划”编制“材料需求计划”,确定企业在每个季度所需要的材料。“材料需求计划”可以直观反映企业在某一季度所需要的原材料数量，采购总监可以据此订购所需要的原材料，保证原材料的供应。

2. 材料采购计划

企业要保证材料的供应，必须提前订购材料。实际工作中，采购材料可能是现款采购，也可能是赊购。沙盘企业中，一般采用的是现款采购的计划，也就是说，订购的材料到达企业时，必须支付现金。

材料采购计划相当于实际工作中企业编制的“直接材料预算”，它是以生产需求计划为基础编制的。在编制材料采购计划时，主要应当注意三个问题：

第一，订购的数量。订购材料的目的是保证生产的需要，如果订购过多，占用了资金，会造成资金使用效率的下降；订购过少，不能满足生产的需要。所以，材料的订购数量应当以既能满足生产需要，又不造成资金的积压为原则，尽可能做到材料零库存。为此，应当根据原材料的需要量和原材料的库存数量来确定原材料的订购数量。

第二，订购的时间。一般情况下，企业订购的材料当季度不能入库，要在下一季度或下两季度才能到达企业，为此，企业在订购材料时，应当考虑材料运输途中的时间，即材料提前订货期。

第三，采购材料付款的时间和金额。采购的材料一般在入库时付款，付款的金额就是材料入库应支付的金额，如果订购了材料，就必须按期购买。当期订购的材料不需要支付现金。

企业编制材料采购计划，可以明确企业订购材料的时间，采购总监可以根据该计划订购材料，防止多订、少订、漏订材料，保证生产的需要。同时，财务总监根据该计划可以了解企业采购材料的资金需要情况，及时纳入现金预算，保证资金的供应。

例如，采购总监根据“材料需求计划”编制该企业的材料采购计划。从材料需求计划中可以看出，企业在每个季度都需要一定数量的 R1 和 R2 原材料，根据规则，R1 和 R2 材料的提前订货期均为一个季度，也就是说，企业需要提前一个季度订购原材料。比如，企业在本年第一季度需要 3 个 R1 和 2 个 R2，则必须在上年的第四季度订购。当上年第四季度订购的材料在本年第一季度入库时，需要支付材料款 5 万元。同样，企业可以推算在每个季度需要订购的原材料以及付款的金额。据此，采购总监即可编制材料采购计划。

3. 现金预算

企业在经营过程中，常常出现现金短缺的“意外”情况，正常经营不得不中断，使得经营者焦头烂额。其实，经过仔细分析，我们会发现，这种“意外”情况的发生不外乎两方面的原因：第一，企业没有正确编制预算，导致预算与实际严重脱节；第二，企业没有严格按计划进行经营，导致实际严重脱离预算。为了合理安排和筹集资金，企业在经营之前应当根据新年度计划编制现金预算。

现金预算是有关预算的汇总，由现金收入、现金支出、现金多余或不足、资金的筹集和运用四个部分组成：①现金收入包括期初现金余额和预算期现金收入。②现金支出包括预算的各项现金支出。③现金多余或不足是现金收入合计与现金支出合计的差额。差额为正，说明收入大于支出，现金有多余，可用于偿还借款或用于投资；差额为负，说明支出大于收入，现金不足，需要筹集资金或调整规划或计划，减少现金支出。④资金的筹集和运用部分是当企业现金不足或富裕时，筹集或使用的资金。

沙盘企业中，企业取得销售订单后，现金收入基本确定。当企业当年的投资和生产计划确定后，企业的现金支出也基本确定，所以，企业应该能够通过编制现金预算准确预计企业经营期的现金多余或不足，可以有效预防“意外”情况的发生。如果企业通过编制现金预算发现资金短缺，而且通过筹资仍不能解决，则应当修订企业当年的投资和经营计划，最终使企业的资金满足需要。

“现金预算表”的格式有多种，可以根据实际需要自己设计。这里介绍其中的一种，这种格式是根据沙盘企业的运营规则设计的。下面简要举例介绍“现金预算表”的编制。

假设该企业有关现金预算资料见表 5-1。

表 5-1　现金预算表（万元）

项　　目	第一季度	第二季度	第三季度	第四季度
期初库存现金	18	13	14	4
支付上年应交税				
市场广告投入	8			
支付短期贷款利息				
支付到期短期贷款本金				
支付到期的应付款				
支付原材料采购现金	5	2	4	3
支付生产线投资			8	8
支付转产费用				
支付产品加工费用	3	1	2	2
收到现金前的所有支出	16	3	14	13
应收款到期收到现金	15	8	8	18
支付产品研发投资	3	3	3	3

续表

项 目	第一季度	第二季度	第三季度	第四季度
支付管理费	1	1	1	1
支付长期贷款利息				4
偿还到期的长期贷款				
支付设备维护费用				2
支付市场开拓费用				2
支付 ISO 认证费				2
其他				
现金收入合计	15	8	8	18
现金支出合计	20	7	18	27
现金多余或不足	13	14		−5
向银行贷款				20
贴现收到现金				
期末现金余额	13	14	4	15

从编制的现金预算表可以看出，企业在第一、二、三季度收到现金前的支付都小于或等于期初的现金，而且期末现金都大于零，说明现金能满足需要。第三季度末，企业现金余额为 4 万元，也就是说，第四季度期初库存现金为 4 万元，但是，第四季度在收到现金前的现金支出为 13 万元，小于可使用的资金，这样，企业必须在第三或第四季度初筹集资金。因为企业可以在每季度初借入短期借款，所以，企业应当在第四季度初贷入 20 万元的短期贷款。

综上，企业为了合理组织和安排生产，在年初首先应当编制“产品生产及材料需求计划”，明确企业在计划期内根据产能所能生产的产品数量，营销总监可以根据年初库存的产品数量和计划年度的完工产品数量确定可接订单数量，并根据确定的可接订单数量参加产品订货会。订货会结束后，企业根据确定的计划年度产品销售数量安排生产。为了保证材料的供应，生产总监根据确定的生产计划编制“材料需求计划”，采购总监根据生产总监编制的“材料需求计划”编制“材料采购计划”。财务总监根据企业规划确定的费用预算、生产预算和材料需求预算编制资金预算，明确企业在计划期内资金的使用和筹集。

二、企业战术分析

在 ERP 沙盘企业运营实战过程中，除了读透练习规则，还需要感悟经验与技巧，在练习前要准备一份做预算的电子表格。电子表格中含有现金流量预算表、综合费用表、利润表、资产负债表等。不仅可以在练习前研究练习开局方案的合理性，也可以在练习时快速分析企业运营面临的各种问题，做到开源节流、统筹运营，接下来按照练习流程的先后进行实战过程中的分析总结。

（一）开局策略

首先是思考开局方案，良好的开局会对企业未来六年的发展起到决定性作用。开局一般初始所有者权益为 60 万元，可贷资金为所有者权益的 3 倍，因此最大贷款开局为 180 万元。利用好资金至关重要。首先根据对于市场规则的分析定位开局的策略，是争抢市场第一还是稳健发展？研发产品的选择如何？以上问题都需要定位、明确。一般情况下可采取以下策略：

1. 争抢市场

可以考虑长贷为主，尤其是大量贷款、长期贷款需要注意可以采取多次、分期贷款的方式，以防止未来巨额贷款到期所产生的还款压力而导致资金断流。例如，180 万元的长期贷款可以分成多次贷款，以抢夺市场第一为目标需要采取市场渗透、产品开发的产品策略，即锁定一个市场进行开拓，其他市场可以延期开拓。尽可能多研发产品，力求将多种产品销售到同一市场。由于抢夺市场第一前期的投入成本很高，为了保全所有者权益不被降低太多，可以适当考虑 ISO 的认证、投资与厂房的购买等问题。

2. 稳健发展

在沙盘战场上，争抢市场第一往往会带来很大的风险，有时成功与破产仅一步之差。倘若成功地避开了市场强大的竞争、吃透了市场规则，稳健发展往往也可以后来居上。稳健发展以短贷为主、长贷为辅，采用长短结合的方式。初期企业投资方面也相对保守，因此可以采取前期多开发市场，后期产品多样化的策略，即初期选择 2 种左右的产品进行研发，尽可能地多开发市场，力求在少量产品的市场上分散抢单，降低广告投放成本，循序渐进地发展企业。

（二）广告投放

在正式的大赛中，订单一般遵循一定的特征。一般情况下每个市场、每种产品订单的需求量的交货期是在均分的基础上上下浮动。例如在本地市场 P1 有 12 张订单，那么交货期 1~4 期的订单各有 3 张的可能性相对较大，运营前两年对于投资周期长的产品除外。因此倘若想要销售第四季才生产完成的产品就要努力抢交货期是第四季的订单，这就要求投放大量的广告，力压竞争对手，因此往往抢夺成本较高。这一点在第六年即最后一年抢订单的订单会上表现最明显。在企业规划时，可以根据“产品市场平均单 = 每个市场的每个产品的需求量 / 订单总数”来判断自己的拿单情况，一般来说每个市场最大需求量与最小需求量订单在 ±3 浮动。

此外，在订单会时，需要仔细分析每个市场的竞争程度，以便于下一年做更适合的避开部分不必要竞争的决策。但如果进入了练习中期，企业的柔性生产线数量有所提升，第二年企业都会转移到第一年看似竞争不激烈的市场上，造成某种产品一年竞争激烈一年竞争不激烈的假象。为此广告的投放在战术上也存在着大量的博弈。

（三）运营过程

在每一年广告会结束拿完订单之后，不要急着开始运营。一定要对至少 6 个季度之后的发展有一个很明确的规划。运营的步骤大致分为如下几步：第一步，配单。依据实际完成的情况，将每个季度计划所收订单的账款记录在电子现金预算表中，最终将资产负债表配平。第二步，财务成本控制。尽可能少地贴现，保证本年顺利结束。第三步，下一年运营规划。包括生产计划、投资规划、采购规划、广告投放预算、预估现金流等方面。第四步，开始本年的运营操作。由此可见如果要运营好企业，在每一年开始的练习初期需要做很多预算工作。

此外在运营过程中也有很多技巧：一是在企业发展中后期，企业每年的净利润是稳步提升的。因此后期就没有必要以长期贷款为主，可以在年初以长贷还短贷、续短贷的方式进行。二是订单的违约金为订单额的 20%，成本相对不是特别高，若在市场竞单过程中会拿到利润极高的订单，不仅可以抵消违约订单的违约金，同时还可以获得额外的利润。

（四）询盘数据

每一年年底投放广告之前各公司团队都要经历 10 分钟的询盘过程，询盘其他企业信息，对于投放市场广告起到了很重要的作用。在该过程中需要重点关注以下几点：一是生产线情况（重点关注每种产品生产线的数量、柔性生产线的数量）；二是产品研发情况（注意关注还差几个季度投资完成）；三是市场开发情况；四是现金与应收款；五是 ISO 认证。通过以上分析来掌握每个企业的发展动向，对于企业决策和规避风险至关重要。

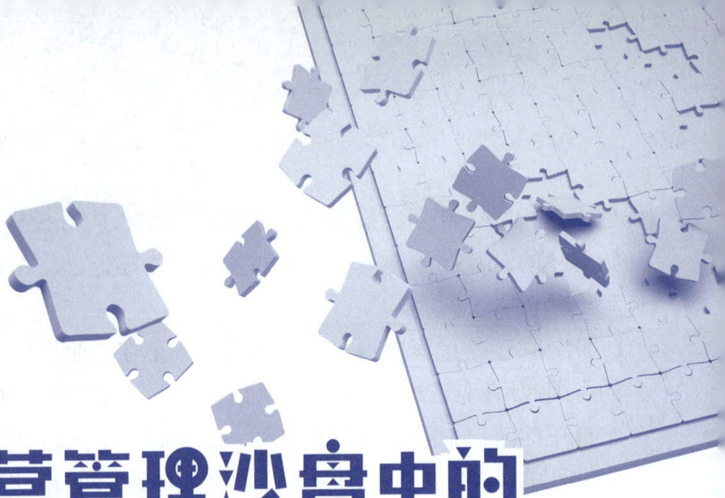

第六章 数智企业经营管理沙盘中的企业经营

一、企业经营本质分析

经营是指企业以市场为对象，以商品生产和商品交换为手段，为了实现企业的目标，使企业的投资、生产、销售等经济活动与企业的外部环境保持动态均衡的一系列有组织的活动。

企业是一个以盈利为目的的组织。企业管理的目标可概括为生存、发展、盈利，如图 6-1 所示。

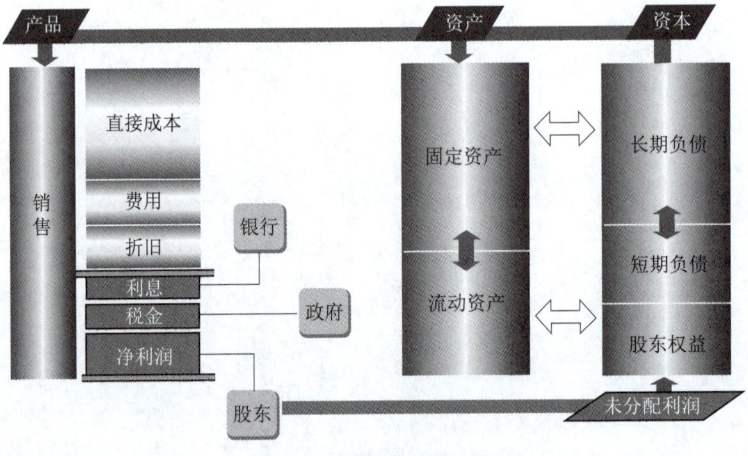

图 6-1 获取利润过程图

(一) 企业生存

企业在市场上生存下来的基本条件：一是以收抵支，二是到期还债。这从另一个角度告诉我们，如果企业出现以下两种情况，就将宣告破产。

1. 资不抵债

如果企业所取得的收入不足以弥补其支出，导致所有者权益为负时，企业生产中断。

2. 现金断流

如果企业的负债到期，无力偿还，企业就会破产。

在模拟企业经营中一旦破产条件成立，请指导教师裁夺。一般可能有三种处理方式：

其一，如果企业盘面能让股东 / 债权人看到一线希望，股东可能增资，债权人可能债转股；其二，企业联合或兼并；其三，企业破产。

（二）企业盈利

企业经营的本质是股东最大化，即盈利。而从利润表中的利润构成中不难看出盈利的主要途径一是扩大销售（开源），二是控制成本（节流）。

1. 扩大销售

利润主要来自销售收入，而销售收入由销售数量和产品单价两个因素决定，提高销售数量的方式如图 6-2 所示。

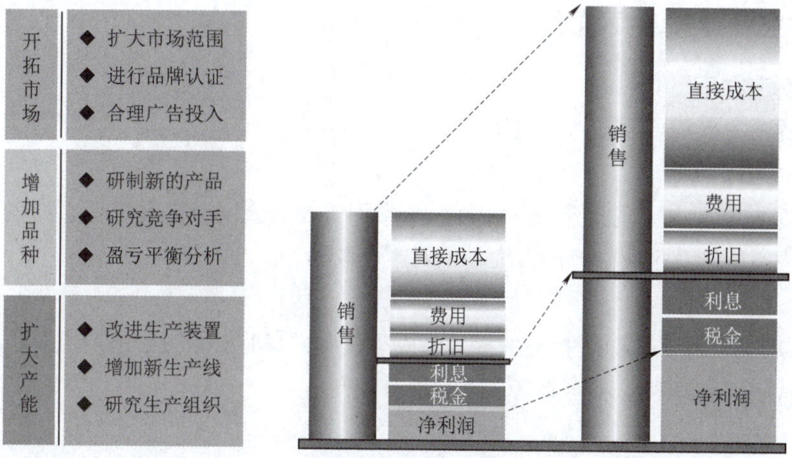

图 6-2　扩大销售

提高产品单价受很多因素制约，但企业可以选择单价较高的产品进行生产。

2. 控制成本

产品成本分为直接成本和可变成本，如图 6-3 所示。

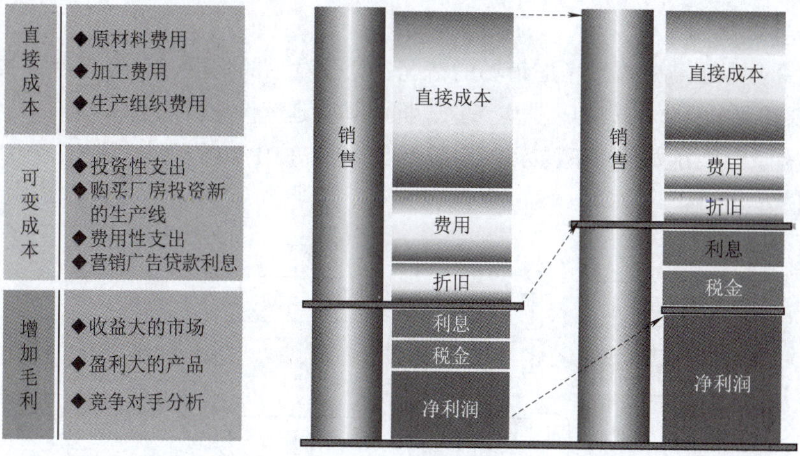

图 6-3　降低成本

1）降低直接成本

直接成本主要包括构成产品的原材料费用、加工费用和生产组织费用、人工费用，在“ERP 沙盘模拟”课程中，原料费用由产品的 BOM 结构决定，在不考虑替代材料的情况下没有降低的空间；用不同生产线生产同一产品的加工费用和生产组织费用也是相同的。因此在 ERP 沙盘模拟课程中，产品的直接成本是固定的。

2）降低可变成本

从节约成本的角度，我们不妨把可变成本区分为投资性支出和费用性支出两类。投资性支出包括购买厂房、投资新的生产线等，这些投资是为了扩大企业的生产能力而必须发生的；费用性支出包括营销广告、贷款利息等，通过有效筹划可以节约一部分支出。

二、企业经营关键点确定

（一）确定方案

一份优秀的方案需要通盘考虑以下几点：

1. 现金流

对于一个方案而言，现金流是否流畅，资金回笼是否及时，这是尤为关键的因素。一个因为现金流中断而导致企业破产的方案是绝对不可取的。

2. 权益

在方案执行完美的情况下，权益的提升幅度是设计方案时必须考虑的要点。需要注意的是，高毛利并不代表着高净利，还需要综合考虑开源节流。

3. 潜力

ERP 沙盘需要有全局观念，因此方案设计时还需要评估该方案的潜力大小，潜力主要表现在：厂房、生产线、应收款及产品研发、市场开拓等方面。

4. 风险（可实现性）

任何方案都会存在风险，在年度权益、潜力相同的情况下，无疑应选择风险更小的方案，尽可能做到低风险、高收益。

5. 整体规划

方案是否合理还需要通盘考虑市场的情况、竞争对手的情况以及公司财务状况，因此，一份优秀的方案要做到整体规划，通盘考虑，同时具备延续性与市场竞争力。

最后，勇于尝试新方案，不局限于固定思维，这是 ERP 沙盘模拟日常练习中所必不可少的心态，如图 6-4 所示。

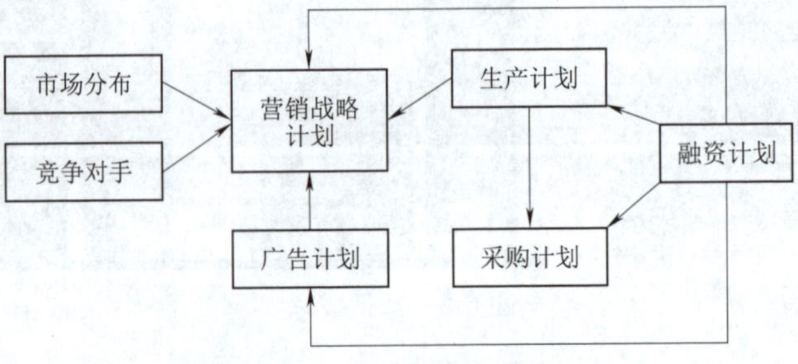

图 6-4　企业经营关键点

（二）做预算

ERP 沙盘模拟经营集财务、物流、管理、营销于一体，其中财务是企业经营过程中的基础，显得尤为重要。对于公司年度预算，有四点必须把握：

1. 预算的时间

当年的预算一定要在年初完成，不要边操作边预算，先预算后操作会有利于及时发现经营过程中的失误，并做出调整。即凡事预则立，不预则废。

2. 预算的年限

因为预算都有前后两年的延续性，因此在做预算时需要涵盖两年，对两年的资金流有一个整体把握，明确今年与下一年的资金情况，以便制定策略。例如，发现当年权益下降，下年资金流紧张，甚至有破产危机时，便可选择在本年开始节约费用，减少固定资产投入，同时贷款要以长贷为主，减少还款压力。

3. 贷款额度

以国赛赛题一为例，其利率为短贷 10% 年率，长贷 3% 季率，利息支付为四舍五入。在贷款时采取短贷为主，长贷为辅，四个季度短贷尽量以平均滚动短贷经营的贷款模式为优。

4. 计算权益

当年的所有者权益 = 销售收入 − 成本 −（管理费 + 广告费 + 维修费 + 租金 + 市场 +ISO+ 产品 + 损失）− 折旧 − 财务支出 − 所得税 + 去年的权益。权益要在每年选完单之后计算得出，了解权益是否上升、上升了多少等数据，有利于制定本年度及下年度的发展策略。

（三）原料及生产

安排生产的难点主要在于柔性线的生产计划编排。在安排生产计划时，首先应将固定产能列出，然后用所接的订单数减去固定产能得出待完成的订单数，接着利用柔性线来完成待完成的订单数，从而按时按量交货。在安排生产计划时应特别留意交货期的问题。

“细节决定成败”，订购原材料无疑就是决定成败的小细节。我们可先安排生产计划，再根据生产计划决定原料订购计划，不断进行微调。

在原材料订购中，最易出错的地方是每年的第三季。第三季原料需要根据下一年的生产计划而定，需要有较好的前瞻性。为了尽可能地避免损失，在当年制定策略时便要初步确定次年第一季的生产计划，下原材料订单时采取预多不预少的原则，避免紧急采购带来的损失。

（四）市场分析与投放广告

1. 市场分析

SWOT 分析法是一种常用的市场分析工具。它是将与研究对象密切相关的各种主要内部优势、劣势和外部的机会和威胁等，通过调查列举出来，并依照矩阵形式排列，然后用系统分析的思想，把各种因素相互匹配起来加以分析，从中得出一系列相应的结论，而结论通常带有一定的决策性。

SWOT 是由 strengths（优势）、weakness（劣势）、opportunities（机会）、threats（威胁）四个英文单词的第一个字母构成。其中 S、W 是内部因素，O、T 是外部因素。按照企业竞争战略的完整概念，战略应是一个企业“能够做的”（即组织的强项和弱项）和“可能做的”（即环境的机会和威胁）之间的有机组合。其主要思想是抓住机会、强化优势、避免威胁、克服劣势。

进行 SWOT 分析时，主要有以下几个步骤：

1）分析环境因素

首先，分析出企业所处的外部环境中存在的机会因素和威胁因素，它们分别是影响企业发展的有利因素和不利因素，属于客观因素。

其次，分析出企业内部环境中的优势因素和劣势因素，它们分别是企业在发展中自身存在的积极因素和消极因素，属于主动因素。

2）构造 SWOT 矩阵

SWOT 矩阵的具体形式如图 6-5 所示。

内部优势	内部劣势
1. ______ 2. ______ 3. ______ …	1. ______ 2. ______ 3. ______ …
外部机会 1. ______ 2. ______ 3. ______ …	外部威胁 1. ______ 2. ______ 3. ______ …

图 6-5　SWOT 矩阵

3）制定行动与计划

WT 策略（劣势 + 威胁）：WT 又称防御战略。企业一旦处于这样的位置，要尽量减少内部劣势，避开威胁并逐渐消除劣势。如果处理不当，可能直接威胁到企业的生死存亡。

WO 策略（劣势 + 机会）：WO 又称扭转战略。外部环境中存在机会，但是企业在这方面处于劣势，要求企业利用外部机会，转变内部劣势。

ST 策略（优势 + 威胁）：ST 策略，利用内部优势，规避外部威胁。企业一方面可以通过重新构建企业资源来获得竞争优势，将威胁转化为机会，另一方面可以利用自己的优势，抓住市场中的其他机会。

SO 策略（优势 + 机会）：SO 又称增长战略。企业应强化、扩大已有的竞争优势，获得新的竞争机会。必须敏锐地捕捉机会，把握时机，以寻求更好的发展。

4）确定策略

SWOT 分析法不是仅仅列出 4 项清单。而是通过评价公司的强势、弱势、机会、威胁对 SO、WO、ST、WT 进行甄别和选择，并最终得出结论，即在公司现有的内外部环境下，如何更好地运用自己的资源，以及如何建立公司的未来资源。

2. 投放广告

投放广告一直是影响 ERP 沙盘模拟对抗胜负和竞赛队伍之间博弈的焦点所在，投放广告有四点注意事项：

（1）计算产能。产能由两部分组成：一是生产线本年度生产量、二是库存。在计算产能时需详细计算出每个季度，每类产品的产能，同时注意柔性线产能的分配。

（2）市场预测图分析。注意分析产品的价格、需求量、市场价格走势。需结合横向对比与纵向对比分析，将企业总需求与市场总供给进行对比，市场的供求关系直接影响广告额度的大小。需要注意的是：追逐高利润是每个人的特性，高利润往往意味着高竞争。广告额度也要根据产品利润的不同进行相应改变。

（3）计算广告产出比。在沙盘模拟对抗中，广告产出比越高说明广告投放越成功，当然满足零库存经营是广告投放的核心。

（4）分析竞争对手。主要分析竞争对手的产能与现金流。通过分析产能和现金流便能大概模拟出竞争对手的广告投放情况，从而有针对性地投放广告。

广告投放是一场博弈，在广告投放时，把握产品订单数量、市场供求关系、竞争对手的需求及行为模式是广告投放是否合理的关键点。

（五）选单、竞单

选单时的第一指导思想为零库存，只有每年近乎达到零库存的经营，企业权益的增长才会迅速，企业的发展才会稳定而持续。

在选单时有四个要素需要考虑，分别是交货期、账期、单价、数量。其优先级为：交货期>数量>单价>账期，当然根据自身企业的具体情况也可以做出微调。例如某企业现金流较为紧张，这时可更多地考虑账期小的订单，以期更快地回笼资金，释放现金流。

对竞单的理解为，在市场宽松时可刻意库存部分产品，参与竞单以期高价；当市场平衡时，交货期为一期的产品可以保留在仓库中，竞单采取“缺什么，补什么”的方式；当市场紧缩时，则尽量在市场中争取到足够订单及产品，竞单只起到减少库存的作用。

（六）信息收集与信息处理

ERP 沙盘竞赛中，信息收集与信息处理能力是市场博弈的关键，是企业想策略、做方案的依据，主要需关注以下几点：

1. 现金

通过对现金的观测与研究，能够大致分析出其他小组的总广告额。

2. 产品产能

通过对产能的分析与汇总可以知道市场的供求关系，同时预估出该产品市场是否拥挤；广告竞争激烈与否，是企业广告投放以及产品经营思路转变的理论依据。

3. 固定资产

了解固定资产的情况有利于评估企业的潜力，更好地对竞争对手进行定位。

4. 一期产品

在有竞单的年份，了解竞争对手的一期产品有利于预估竞单市场是否激烈，从而预估出竞单的价格，这对于把握选单及提升竞单的成功率都有着极大的帮助。

5. 权益

权益是 ERP 沙盘模拟最终成绩评定的关键点，因此了解每支队伍的权益有利于对自身所处位置（领导者、挑战者、跟随者、利基者）做出评估，从而制定相应的经营策略。

制定策略的相关因素如下：

1）生产线投资

问题：购买什么生产线？购买多少？什么时候购买？

生产线投资应当考虑的因素：

（1）企业的资金情况。

（2）产品开发完工的时间。

（3）是否转产。

（4）折旧对当期利润的影响。

（5）剩余经营时间所能生产产品的产量。

一般情况下，每种产品应当配置 2 条以上全自动产能的生产线。

2）产品生产

问题：产品什么时候生产？生产多少？

产品生产应考虑的因素：

（1）应考虑生产单位产品毛利润高的产品。如果各种产品单位毛利润比较接近，应当选择生产占用资金少的产品。

（2）应考虑资金面的状况。在企业经营前期，往往资金面紧张，一般不宜生产占用资金多的产品；在经营后期，如果资金宽裕，应尽可能生产单件产品毛利润高的产品，这样才能保证利润的快速增长。

为便于销售拿单，每种产品建议配置 2 条以上全自动生产线的产能。

3）市场开发

要明确几个问题：企业为什么要开发市场？应当开发哪些市场？什么时候开发？是不是市场开发越多对企业就越有利？

开发市场时应当考虑的因素：

（1）要研究每个市场的销售特点及发展趋势。

（2）要估计竞争对手可能进入的市场，避强趋弱。

（3）要考虑本企业的产品策略，确定企业的目标市场。

（4）要考虑本企业的资金情况，量力而行。

一般而言，企业根据产品情况，应当开发 3 个以上的市场。如果资金许可，应尽可能多开发、早开发。如果企业的资金在某个年份出现了严重的资金短缺，则应当暂时停止开发，生存是第一位的。

4）产品研发

问题：开发什么产品？什么时候开发？

产品开发应当考虑的因素：

（1）企业目标市场中产品的预计销量和预计利润水平。

（2）竞争对手的产品开发策略。

（3）企业自身的生产能力。

（4）企业的资金状况。

企业应研发 2~3 种产品，且必须有毛利高的产品。

5）广告投放

问题：广告费怎么投？该投多少？

兵无定势，水无常形。不同的市场、不同的规则、不同的竞争对手等一切内外部因素都可能导致广告投放策略的不同。因此要想找一个公式从而做到广告投放得准确无误，基本上很难。那投放广告有没有规律可循呢？投放广告要尽量结合市场预测达到总体最优。

6）拿单和交单

具体拿单和交单相关注意事项为：

（1）事先准确计算企业在每季度各种产品的生产情况，根据库存情况确定每季度可销售产品数量（见表 6-1）。

表 6-1　产品销售统计表

（a）市场产品数量（单位：个）

年份	产品	本地市场	区域市场	国内市场	亚洲市场	国际市场
第 2 年	P1	113	66	96	0	0
	P2	86	103	84	0	0
	P3	0	0	0	0	0
	P4	0	0	0	0	0
第 3 年	P1	84	60	42	0	0
	P2	40	60	60	54	0
	P3	30	40	0	37	0
	P4	0	48	20	0	0
第 4 年	P1	40	42	40	0	42
	P2	56	40	40	53	0
	P3	64	42	0	45	0
	P4	0	60	0	0	20
第 5 年	P1	24	21	33	0	41
	P2	19	38	18	61	0
	P3	39	40	0	57	0
	P4	0	40	0	0	44

（b）市场平均价格（单位：元）

年份	产品	本地市场	区域市场	国内市场	亚洲市场	国际市场
第 2 年	P1	49 840	49 830	49 560	0	0
	P2	73 830	74 380	74 180	0	0
	P3	0	0	0	0	0
	P4	0	0	0	0	0
第 3 年	P1	49 080	49 840	48 630	0	0
	P2	75 560	75 990	74 930	74 880	0
	P3	98 700	98 900	0	96 920	0
	P4	0	114 300	111 960	0	0

续表

年份	产品	本地市场	区域市场	国内市场	亚洲市场	国际市场
第 4 年	P1	49 930	50 090	48 290	0	54 610
	P2	74 620	74 510	74 380	76 880	0
	P3	97 770	98 300	0	101 680	0
	P4	0	114 760	0	0	118 580
第 5 年	P1	49 610	56 690	52 400	0	49 590
	P2	78 870	76 400	76 510	76 350	0
	P3	101 200	99 020	0	100 190	0
	P4	0	123 540	0	0	122 720

（c）市场订单数量（单位：个）

年份	产品	本地市场	区域市场	国内市场	亚洲市场	国际市场
第 2 年	P1	32	19	29	0	0
	P2	24	30	24	0	0
	P3	0	0	0	0	0
	P4	0	0	0	0	0
第 3 年	P1	26	17	14	0	0
	P2	12	17	17	15	0
	P3	10	12	0	12	0
	P4	0	14	6	0	0
第 4 年	P1	12	12	12	0	13
	P2	15	11	12	16	0
	P3	18	12	0	13	0
	P4	0	17	0	0	6
第 5 年	P1	7	6	10	0	11
	P2	6	11	5	17	0
	P3	11	12	0	17	0
	P4	0	11	0	0	14

（2）分析对手广告投入情况，合理确定产品市场（统计主要对手的广告投放情况）。

（3）配合企业的资金预算选单（注意毛利、交货期、账期）。

（4）珍惜优先选单的机会，配合产品产量选单。

（5）总毛利高的订单优先。

综上所述，制作基本策略所注意的相关条件为：

（1）产能：只要产品能销售，产能提前最大化。

（2）市场：进入毛利高的市场，多销售毛利高的产品。

（3）产品组合：高低端结合。

（4）贷款：长短结合，合理利用规则，努力降低财务费用。

（5）广告：重点与非重点市场区分，确保产品销售。

三、资金管理

俗话说，兵马未动，粮草先行。资金是否有效运营是企业生存、发展、获利的关键。

（一）股东资本

股东资本就是刚开始的资本，一般为 65~85 万元，初始资本越少则难度越高。

（二）融资

沙盘模拟经营其实是如何利用手中有限的资金撬动更大的利润的问题，因此要善于规划贷款。贷款的前提和基础是权益，所以想要清楚自己每时每刻还能贷款多少资金，就要对权益了如指掌。融资时，需要考虑的相关方面有以下几点：

（1）长短贷首先计算出贷款多少的倍数较为合适。

（2）尽量用短贷代替长贷，如果权益能够保持好，完全可以通过连环短贷来实现长贷的效果，这样可以省下大笔资金。另外尽量在第二季贷短贷，避免新的一年开始资金压力过大，需要短贷金额较大的，选择在第三、第四季比较好。

（3）贷款要适当，不要能贷款多少就贷款多少，必须计算好资金缺口，确保每一笔款项都有各自的用途，尽量减少空闲资金，这样就可以节省很多利息了。

善于利用贴现，贴现可以说是企业关键时刻起死回生的良药，能很好地缓解资金流转不足的问题。当急需资金而又无法贷款时，贴现就是主要的出路了，贴现利息向上取整，贴现时尽量贴出同样利息的最高值，该贴现的时候果断贴现，不该贴现的时候尽量用短贷代替。

规则说明：

（1）贷款相关类型见表 6-2，长期贷款期限为两年，短期贷款期限为四个季度（一年）。

表 6-2　贷款相关类型

贷款名称	贷款时间 / 季	还款方式	利率
直接融资	1	本息同还	5%
短期银行融资	4	本息同还	10%
长期银行融资	8	每季付息，到期还本	3%

（2）长期贷款借入每个季度按 3% 支付利息，到期还本时，支付最后一年利息。

（3）短期贷款到期时，一次性还本付息。

（4）长期贷款和短期贷款均不可提前还款。

（5）如与参数有冲突，以参数为准。

（三）出售生产线

当生产线净值等于或低于残值加折旧时，可以考虑出售生产线节约维修费。

（四）综合费用

综合费用计算表（格式见表 6-3）是综合反映在经营期间发生的各种除产品生产成本、财务费用外的其他费用。综合费用计算表的填制方法如下：

（1）“管理费”项目根据企业当年支付的行政管理费填列。企业每季度支付 1 万元的行政管理费，全年共支付行政管理费 4 万元。

（2）“广告费”项目根据企业当年年初的“广告登记表”中填列的广告费填列。

（3）“产线维修费”项目根据企业实际支付的生产线维修费填列。根据规则，只要生产线建设完工，不论是否生产，都应当支付维修费。

（4）“转产费”根据企业生产线转产支付的转产费填列。

（5）“市场开拓”根据企业本年开发市场支付的开发费填列。

（6）“产品资质申请”项目根据本年企业研发产品支付的研发费填列。

（7）“ISO 认证申请”项目根据企业本年 ISO 认证开发支付的开发费填列。

（8）“信息费”项目主要根据企业购买情报产生的费用。

（9）“人力费”项目主要根据企业工人入职未上工生产的工资。

（10）“数字化研发费”项目主要根据企业进行数字化建设产生的费用。

表 6-3 综合费用计算表 （单位：万元）

项　目	金　额	备　注
管理费		
广告费		
产线维修费		
转产费		
市场开拓		
产品资质申请		
ISO 认证申请		
信息费		
人力费		
数字化研发费		
合计		

（五）产品核算统计表

产品核算统计表（格式见表 6-4）是核算企业在经营期间销售各种产品情况的报表，它可以反映企业在某一经营期间产品销售数量、销售收入、产品销售成本和毛利的情况，是编制利润表的依据之一。

表 6-4 产品核算统计表

项目	P1	P2	P3	P4	合计
数量					
销售额					
成本					
毛利					

产品核算统计表是企业根据企业实际销售情况编制的，其数据来源于“订单登记表”（格式见表 6-5），企业在取得销售订单后，营销总监应及时登记订单情况，当产品实现销售后，应及时登记产品销售的销售额、销售成本，并计算该产品的毛利。年末，企业经营结束后，营销总监根据订单登记表，分产品汇总各种产品的销售数量、销售额、销售成本和毛利，并将汇总结果填列在“产品核算统计表”中。

表 6-5　订单登记表

订单号										合计
市场										—
产品										—
数量										—
账期										—
销售额										
成本										
毛利										
未售										

之后，营销总监将“产品核算统计表”交给财务总监，财务总监根据“产品核算统计表”中汇总的数据，登记利润表中的“销售收入”“直接成本”和“毛利”栏。

（六）利润表

利润表（格式见表 6-6）是反映企业一定期间经营状况的会计报表。利润表把一定期间内的营业收入与其同一期间相关的成本费用相配比，从而计算出企业一定时期的利润。通过编制利润表，可以反映企业生产经营的收益情况、成本耗费情况，表明企业生产经营成果。同时，通过利润表提供的不同时期的比较数字，可以分析企业利润的发展趋势和获利能力。

表 6-6　利润表

项　　目	年初数值	本年数值
销售收入		
直接成本		
毛利		
综合管理费用		
折旧前利润		
折旧		
支付利息前的利润		
财务收入 / 支出		
其他收入 / 支出		
税前利润		
所得税		
净利润		

利润表的编制方法如下：

利润表中“上年数”栏反映各项目上年的实际发生数，根据上年利润表的“本年数”填列。利润表中“本年数”栏反映各项目本年的实际发生数，根据本年实际发生额的合计填列。

“销售收入”项目，反映企业销售产品取得的收入总额。本项目应根据“产品核算统计表”填列。

“直接成本”项目，反映企业本年已经销售产品的实际成本。本项目应根据“产品核算统计表”填列。

“毛利”项目，反映企业销售产品实现的毛利。本项目是根据销售收入减去直接成本后的余额填列。

“综合管理费用”项目反映企业本年发生的综合费用，根据“综合费用表”的合计数填列。

“折旧前利润”项目反映企业在计提折旧前的利润，根据毛利减去综合费用后的余额填列。

“折旧”反映企业当年计提的折旧额，根据当期计提的折旧额填列。

“支付利息前的利润”项目反映企业支付利息前实现的利润，根据折旧前利润减去折旧后的余额填列。

“财务收入／支出”项目反映企业本年发生的财务收入或者财务支出，比如借款利息、贴息等。本项目根据沙盘上的“利息”填列。

“其他收入／支出”项目反映企业其他业务形成的收入或者支出，比如出售原料，生产线等。

“税前利润”项目反映企业本年实现的利润总额。本项目根据支付利息前的利润增加财务收入，减去财务支出，再加上其他收入减去其他支出后的余额填列。

“所得税”项目反映企业本年应缴纳的所得税费用，本项目根据税前利润除以 3 取整后的数额填列。

“净利润”项目反映企业本年实现的净利润，本项目根据税前利润减去所得税后的余额填列。

（七）资产负债表

资产负债表是(格式见表 6-7)反映企业某一特定日期财务状况的会计报表。它是根据“资产＝负债＋所有者权益”的会计等式编制的。

表 6-7　资产负债表

资产	期初	期末	负债和所有者权益	期初	期末
现金			长期负债		
应收款			短期负债		
在制品			其他应付款		
产成品			应交税费		
原材料			负债合计		
流动资产合计			股东资本		

续表

资产	期初	期末	负债和所有者权益	期初	期末
机器与设备			利润留存		
在建工程			年度净利		
固定资产合计			所有者权益合计		
资产总计			负债和所有者权益合计		

从资产负债表的结构可以看出，资产负债表由期初数和期末数两个栏目组成。资产负债表的“期初数”栏各项目数字应根据上年末资产负债表“期末数”栏内所列数字填列。

资产负债表的“期末数”栏各项目主要是根据有关项目期末余额资料编制，其数据的来源主要通过以下几种方式取得：

（1）资产类项目主要根据沙盘盘面的资产状况，通过盘点后的实际金额填列。

（2）负债类项目中的“长期负债”和“短期负债”根据沙盘上的长期借款和短期借款数额填列，如果有将于一年内到期的长期负债，应单独反应。

（3）“应交税费”项目根据企业本年“利润表”中的“所得税”项目的金额填列。

（4）“所有者权益类”中的股东权益项目，如果本年股东没有增资的情况下，直接根据上年末“利润表”中的“股东资本”项目填列，如果发生了增资，则为上年末的股东资本加上本年增资的资本。

（5）“利润留存”项目根据上年利润表中的“利润留存”和“年度净利”两个项目的合计数填列。

（6）“年度净利”项目根据“利润表”中的“净利润”项目填列。

四、战略制定

经营企业最为重要的一个环节就是公司的经营战略。经营什么？如何经营？怎样才能获取最高的利润？这是每一个公司决策层首先需要考虑的问题。企业应根据市场评估和内部条件的分析，制定今后 5 年的经营战略，并根据未来公司外部环境变化和竞争对手的发展情况动态调整，具体为以下战略：

（一）总体战略

在未来 5 年，通过研发新产品、开拓新市场，来扩大公司的生产规模，降低生产成本。由于资源的有限，故采取重点市场、重点产品投放的稳健发展战略，并通过制定更加具体的产品战略、市场战略、竞争战略、资金运用战略等使生产的产品在选择的市场上具有销售前景，具备较强的竞争优势，从而达到获利的目标，如图 6-6 所示。

（二）产品战略

1. P1、P2 产品策略

优势：该策略的研发费用较低，能有效控制住综合费用，进而使得利润、所有者权益能够保持在一个较高的水平，这样对于后期的发展非常有利，这是迄今为止加快产能速度最快的一种策略。即使环境恶劣到第二年一个产品都没有卖出去而收不到任何的现金，依然可以轻松地坚持到下一年。如果要迅速扩张，以产能来挤压竞争对手的生存空间，这条策略无疑是最优的。

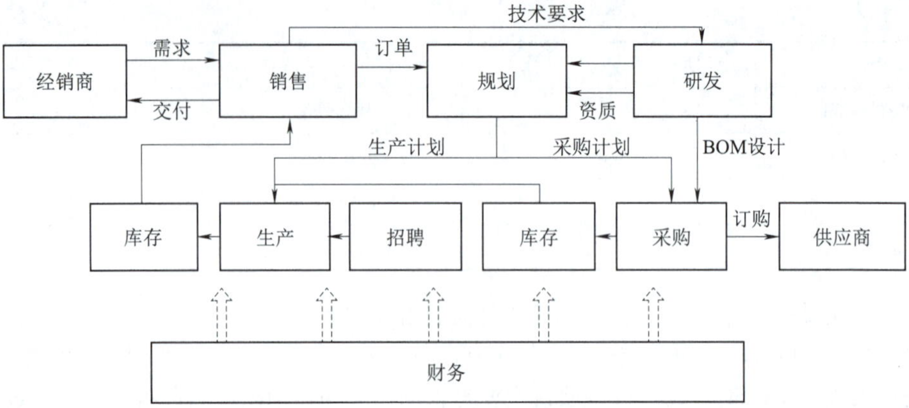

图 6-6 总体战略结构图

劣势：这种策略的劣势相对不易察觉，使用该策略可以在前期建立很大的优势，但在后期通常神不知鬼不觉地被超越，该类例子从普通训练赛到国家级比赛不胜枚举。原因有二：其一，P1、P2 策略在后期缺乏竞争力，当大家都扩建起 10 条线的时候，P1、P2 的利润显然不如 P3、P4，所以被所有者权益相差 20 以内的对手反超不足为奇；其二，当同学用此策略建立起前期优势后，难免有些心理上的松懈，赛场如战场，形势可能一日数变，如果缺乏足够的细心和耐心处理对手的信息，被超越的可能性也是很大的。

使用环境：该策略主要用在初学者的比赛中，当对手大多采用 P3、P4 时也可运用该策略。

2. P2、P3 产品策略

这套策略可谓攻守兼备，推荐选择两条柔性线，P2、P3 各一条自动线。

优势：此策略的优势在于使用者可以在比赛全程获得产品上的优势：P2 在 3、4 两年的毛利可以达到 5 万元 / 个，这时可以用三条生产线生产 P2，达到利润的最大化，后期 P2 的利润仍然保持在 4 万元左右，而 P3 利润为 4.5 万元左右，差距不是很大。此外，到后期生产 P2 的柔性线可转产其他产品，极大地增加了转产的机动性。总之，这种策略的优势概括起来就是全程保持较高的利润，无论战况如何都能处于比较有利的位置。

劣势：这套策略虽然可以使经营趋于一种稳定的状态，但若想有一番大的作为，必须尽可能地再添加几分筹码，比如后期扩张时多开几条 P4 的生产线。

使用环境：当所有产品中的对手分布比较均衡时，或者 P1、P4 市场过于拥挤时可以使用该策略。

3. 纯 P2 产品策略

P2 是一个低成本、高利润的产品，前期若能卖出数量可观的 P2 产品必定能使企业腾飞。

优势：投资纯 P2 产品所需成本仅为 4 万元，而 P2 产品利润均在 3.5 万元以上，最高的 3、4 两年单个产品利润可以超过 5 万元，即便后期的 4、5 两年，P2 产品的利润也在 4 万元以上，若可以在前期拿到足够的订单，企业可以迅速崛起。

劣势：由于 P2 产品的利润相当高，觊觎这块肥肉的人自然不在少数，所以极有可能造成市场紧张，以致拿不到足够的订单，风险颇大。

使用环境：P2 产品的市场不是很紧张就还不错，P2 产品生产线占总体的 40% 以下均可使用。

4. 纯 P3 产品策略

该策略是一款堪称经典的策略。一方面，只研发 P3 产品的研发费用不高，只有 6 万元；另一方面，第三年以后 P3 产品的市场颇为可观。

优势：无论何种级别的比赛，P3 产品似乎都是“鸡肋”，表面上看来是“食之无味，弃之可惜”。但如果读者能够静下心来仔细揣摩竞争者的心理就可以明白，P3 产品前期不如 P2 产品的利润大，后期不如 P4 产品的利润大，而且 P3 产品门槛不高，这都是 P3 产品的明显的缺陷。正是由于这些缺陷在才导致了 P3 产品不会过于显眼，竞争也不会过于激烈。所以使用纯 P3 产品策略往往可以起到规避风险的作用，大大降低市场广告费用的投放，也就是变相地提高了产品的利润。此外，P3 产品后期利润有所增加，市场很大，故而建成 10 条生产线也完全可以做大做强，笔者就曾用这套策略在训练赛中击败对手。

劣势：因为 P3 产品的研发周期较长，所以在第二年卖不出多少，第二年真的要生产的话将面临生产线维修等诸多问题，需要考虑。从第三年生产的话就会导致权益太低，前期被压制十分辛苦，心理压力会增大，一旦失手就会输掉比赛。因此，选择这套策略一定要沉着冷静，需要具备很高的心理素质。

使用环境：在 P2 或者 P4 被普遍看好的情况下，或参赛队生产 P3 总量不足需求量的 30% 时，适合使用该策略。

5. 纯 P4 产品策略

纯 P4 产品策略可以称为一个险招，所谓“不成功则成仁”。

优势：该策略优势很明显，P4 产品的利润巨大，每卖出一个产品都能获得比别人多 1 万元以上的利润，1 条生产线可以多 4 万元，4 条就可以多 16 万元，10 条就是 40 万元。在比赛前期，16 万元意味着什么？这意味着可以多贷出 40 万元的贷款，40 万元的贷款就可以多建 3 条生产线，一般来说前期 5 万元差距到后期就可以扩大到 20 万元以上。此外 P4 产品还有一个优势就是要进入这个市场比进入 P3 产品市场难多了，不仅多了 6 万元研发费用，原料成本也是很大的，所以如果对手不在初期进入 P4 市场，后期基本无法进入，所以一旦前期确立了优势，那就意味着胜利到手了。此外 P4 产品的单价极高，倘若比赛规则中有“市场老大”，则使用纯 P4 产品的同学可以轻易成为“市场老大”，从而以最低的广告成本选择最优的订单。

劣势：因为纯 P4 产品的前期投入很大，有损所有者权益，所以往往要采用长期贷款策略，但这就背负上了很大的还款压力。而且 P4 产品的市场容量较小，一旦前期对手较多则可能导致优势减弱或者全无，陷入苦战之中，结局就会很悲惨了。例如：2009 年全国总决赛中，本科组 28 支队伍中研发生产 P4 产品的队伍在第 2 年达到了 16 支，这直接导致了所有走纯 P4 产品路线的队伍在第 4 年全部退出了竞争的行列，无一幸免。

使用环境：只要 P4 产品市场不是很紧张就可行，P4 产品生产线占总生产线数的 25% 以下可放心使用。

6. P2 产品、P4 产品策略

这套策略可以视为保守的 P4 产品策略，道理浅显易懂。

优势：前期在 P4 产品订单数不足时可以将一定的产能分散到 P2 产品的市场，保证了第二年的盈利，这样就可以解决纯 P4 产品策略的长贷利息问题使用短期贷款，第二年的利润就可以大大增加，以便提高扩建生产线的速度。此外，P2 产品、P4 产品的搭配对于夺得“市场

占有率和市场份额”也是很有优势的。

劣势：前期研发费用为 16 万元，费用太高，而且生产这两种产品的生产成本很高，资金流转速度太慢，需要较高的控制水平。

使用环境：该策略适用于已有“市场老大”且 P4 产品竞争对手较多时，当然也要根据市场环境适当调整。

（三）竞争战略

在竞争方面，主要以抢占先机的方式来获得市场优势，以“人无我有”的方式来获利，充分利用市场上供不应求的机遇。

另一方面，通过改善、扩大生产能力，投资新的生产线，为减少生产周期就会对原有手工生产线进行变卖，转向投资全自动或是柔性生产线。生产能力提高后可以充分满足市场订单的需要，在会计年度顺利生产出所需求的产品，实现销售收入的扩大，从而赢得竞争优势。

（四）资金运营战略

资金是否有效运营是企业生存、发展、获利的关键。在日常生产经营过程中，做好财务预算，合理规划资金，使资金在运用上是有效的，其资金耗费是必要的，尽量减少不必要的支出。在融资方面，根据财务总监的合理预算，选择长短贷款，在保证每年现金流的情况下，节约利息支出。

五、财务分析

基本财务分析能力培养以财务报告（主要包括资产负债表、利润表、现金流量表、所有者权益变动表及附注）为对象，利用比较分析法、趋势分析法对企业的财务情况进行概括性的分析，以获得对企业的财务状况、经营成果、现金流量的初步认识。模拟企业近 5 年的资产负债表、利润表、现金流量表、所有者权益变动表及附注，关注以下问题：①从模拟企业的资产负债表看，资产、负债、所有者权益总额的变动趋势是什么？资产的构成、负债的构成都发生了哪些变化？结合资产负债表中的信息，对模拟企业的财务状况作简要评述；②从模拟企业的利润表来看，该企业的收入、成本及利润的变动趋势是什么？该公司的收入、成本及利润构成发生了哪些变化？结合利润表中的信息，对模拟企业的经营成果做简要评述；③从模拟企业的现金流量表来看，该现金流量的变动趋势是什么？该企业的经营活动现金流量、投资活动现金流量及筹资活动现金流量的变动趋势是什么？结合现金流量表中的信息，对模拟企业的现金流量情况做简要评述；④从模拟企业的所有者权益变动表来看，该企业的所有者权益变动趋势是什么？结合所有者权益变动表中的信息，对模拟企业的所有者权益情况做简要评述。

单项财务分析：

单项财务分析主要运用一些具体的财务比率指标从企业的偿债能力、营运能力、盈利能力和发展能力对企业进行具体的财务分析，获得对企业的进一步认识。运用财务比率对各模拟企业进行对比分析，可以帮助模拟企业找出财务活动存在的问题，并找到解决方案，以寻求提高企业经营管理水平和经济效益的途径。

（一）偿债能力分析

偿债能力是指企业对到期债务的清偿能力，包括短期内对到期债务的现实偿付能力和长期债务的未来偿付能力。通过分析流动比率、速动比率、现金比率等短期偿债能力指标评价模拟企业的短期偿债能力，若模拟企业能保持较高的流动比率、速动比率，特别是现金比率，则表明模拟企业短期偿债能力较强，财务风险低。通过分析资产负债率、产权比率、权益乘数以及利息保障倍数等长期偿债能力指标评价模拟企业的长期偿债能力。资产负债率、产权比率、权益乘数这三个指标具有同向变动的特点，都是反映企业的资本结构及财务杠杆的指标。若模拟企业的资产负债率较高，一方面说明该模拟企业的长期偿债压力大，财务风险高；另一方面表明如果模拟企业的投资回报率高于借款利息率，则可以起到借别人的钱帮股东赚钱的杠杆效应。

1. 短期偿债能力分析

企业的短期偿债能力取决于短期内企业产生现金的能力，即在短期内能够转化为现金的流动资产的多少。所以，短期偿债能力比率也称为变现能力比率或流动性比率，主要考察的是流动资产对流动负债的清偿能力。企业短期偿债能力的衡量指标主要有营运资金、流动比率、速动比率和现金比率。

（1）营运资金。营运资金是指流动资产超过流动负债的部分。其计算公式如下：

营运资金＝流动资产－流动负债

营运资金越多则偿债越有保障。当流动资产大于流动负债时，营运资金为正，说明企业财务状况稳定，不能偿债的风险较小。反之，当流动资产小于流动负债时，营运资金为负，此时，企业部分非流动资产以流动负债作为资金来源，企业不能偿债的风险很大。因此，企业必须保持较多的营运资金，以避免流动负债的偿付风险。

（2）流动比率。流动比率是企业流动资产与流动负债之比。其计算公式如下：

流动比率＝流动资产 / 流动负债

流动比率表明每 1 元流动负债有多少流动资产作为保障，流动比率越大则通过短期偿债能力越强。一般认为，生产企业合理的最低流动比率是 2。

（3）速动比率。速动比率是企业速动资产与流动负债之比，其计算公式如下：

速动比率＝速动资产 / 流动负债

速动比率表明每 1 元流动负债有多少速动资产作为偿债保障。一般情况下，速动比率越大，短期偿债能力越强。由于速动资产剔除了存货，所以剔除存货影响的速动比率至少是 1。若速动比率过低，则企业面临偿债风险；若速动比率过高，则会因占用现金及应收账款过多而增加企业的机会成本。

（4）现金比率。现金资产包括货币资金和交易性金融资产等。现金资产与流动负债的比值称为现金比率。现金比率的计算公式如下：

现金比率＝（货币资金＋交易性金融资产）/ 流动负债

现金比率表示每 1 元流动负债有多少现金资产作为偿债保障。由于流动负债是在一年内（或一个营业周期内）陆续到期清偿，所以并不需要企业时时保留相当于流动负债金额的现金资产。现金比率过高，就意味着企业过多资金占用在盈利能力较低的现金资产上，从而影响企业盈利能力。

上述指标均可用来分析企业的短期偿债能力，其分析的角度各不相同。本书以数智企业经营管理沙盘为主，为了简化学习流程，在分析企业的短期偿债能力时建议重点关注企业的流动比率和速动比率。

2. 长期偿债能力分析

长期偿债能力是指企业在较长时间内偿还债务的能力。企业在长期内，不仅需要偿还流动负债，还需要偿还非流动负债，因此，长期偿债能力衡量的是对企业所有负债的清偿能力。企业对所有负债的清偿能力取决于其总资产水平，因此长期偿债能力比率考察的是企业资产、负债和所有者权益之间的关系。其财务指标主要有四项：资产负债率、产权比率、权益乘数和利息保障倍数。

（1）资产负债率。资产负债率是企业负债总额与资产总额之比。其计算公式如下：

资产负债率=（负债总额 / 资产总额）×100%

当资产负债率高于 50% 时，表明企业资产来源主要依靠的是负债，财务风险较大。当资产负债率低于 50% 时，表明企业资产的主要来源是所有者权益，财务比较稳健。这一比率越低，表明企业资产对负债的保障能力越高，企业的长期偿债能力越强。

（2）产权比率。产权比率又称资本负债率，是负债总额与所有者权益之比，它是企业财务结构稳健与否的重要标志。其计算公式如下：

产权比率=（负债总额 / 所有者权益）×100%

一般来说，产权比率越低，表明企业长期偿债能力越强，债权人权益保障程度越高。在分析时同样需要结合企业的具体情况，当企业的资产收益率大于负债利息时，负债经营有利于提高资金收益率，获得额外的利润，这时的产权比率可适当高些。产权比率高，是高风险、高报酬的财务结构；产权比率低，是低风险、低收益的财务结构。

（3）权益乘数。权益乘数是总资产与股东权益的比值。其计算公式如下：

权益乘数=总资产 / 股东权益

权益乘数表明股东每投入 1 元可实际拥有和控制的金额。在企业存在负债的情况下，权益乘数大于 1。企业负债比例越高，权益乘数越大。

（4）利息保障倍数。利息保障倍数是指企业息税前利润与应付利息之比，又称已获利息保障倍数，用以衡量偿付借款利息的能力。其计算公式如下：

利息保障倍数=息税前利润 / 应付利息倍数

利息保障倍数=（净利润 / 利润表中的信息费用+所得税）/ 应付利息

利息保障倍数反映支付利息的利润来源（息税前利润）与利息支出之间的关系，该比率越高，长期偿债能力越强。从长期看，利息保障倍数至少要大于 1（国际公认标准为 3），也就是说，息税前利润至少要大于应付利息，企业才具有偿还债务利息的可能性。如果利息保障倍数过低，企业将面临亏损、偿债的安全性与稳定性下降的风险。短期内，利息保障倍数小于 1 也仍然具有利息支付能力。

上述指标均用来分析企业的长期偿债能力，不同的指标分析的重点不同。在数智企业经营管理沙盘系统中，分析企业的长期偿债能力时通常用资产负债率和产权比率来进行分析。

（二）营运能力分析

营运能力是指企业的经营运行能力，即企业运用各项资产以赚取利润的能力。存货周转率、应收账款周转率、流动资产周转率以及总资产周转率等指标是判断企业资金周转效率和效益的重要指标。较高的应收账款周转率表明模拟企业的应收账款流动性高、销售收入的实现程度高；而较低的存货周转率则意味着存货的流动性差，这样就会增大企业在存货方面的资金占用，同时也加大了企业的经营风险。流动资产周转率是分析流动资产周转情况的一个综合指标，流动资产周转得快，可以节约资金，提高资金的利用效率。总资产周转率是考察企业资产运营效率的一项重要指标，反映了企业全部资产的管理质量和利用效率，该数值越高，表明企业总资产周转速度越快。

企业营运能力分析主要包括流动资产营运能力分析、固定资产营运能力分析和总资产营运能力分析三个方面。

1. 流动资产营运能力分析

反映流动资产营运能力的指标主要有应收账款周转率、存货周转率和流动资产周转率。

（1）应收账款周转率。应收账款在流动资产中有着举足轻重的地位，及时收回应收账款，不仅能增强企业的短期偿债能力，而且可反映企业管理应收账款的效率。反映应收账款周转情况的比率有应收账款周转次数和应收账款周转天数。

①应收账款周转次数，是一定时期内商品或产品营业收入与应收账款平均余额的比值，表明一定时期内应收账款平均收回的次数。其计算公式如下：

应收账款周转次数 = 营业收入 / 应收账款平均余额

= 营业收入 /[（期初应收账款＋期末应收账款）/ 2]

②应收账款周转天数指应收账款周转一次（从销售开始到收回现金）所需要的时间，其计算公式如下：

应收账款周转天数＝计算期天数 / 应收账款周转次数

＝计算期天数 × 应收账款平均余额 / 营业收入

通常，应收账款周转次数越高（或周转天数越短），表明应收账款管理效率越高。应收账款周转率反映了企业应收账款周转速度的快慢及应收账款管理效率的高低。在一定时期内周转次数多（或周转天数少）表明：①企业收账迅速，信用销售管理严格；②应收账款流动性强，从而增强企业短期偿债能力；③可以减少收账费用和坏账损失，相对增加企业流动资产的投资收益。

通过比较应收账款周转天数及企业信用期限，可评价客户的信用程度，调整企业信用政策。

（2）存货周转率。在流动资产中，存货所占比重较大，存货的流动性将直接影响企业的流动比率。存货周转情况的分析同样可以通过存货周转次数和存货周转天数反映。

①存货周转次数是指一定时期内企业营业成本与存货平均资金占用额的比率，是衡量和评价企业购入存货、投入生产、销售收回等各环节管理效率的综合性指标。其计算公式如下：

存货周转次数＝营业成本 / 存货平均余额

存货平均余额＝（期初存货＋期末存货）/ 2

②存货周转天数是指存货周转一次（即存货取得到存货销售）所需要的时间。其计算公式如下：

存货周转天数＝计算期天数 / 存货周转次数

＝计算期天数 × 存货平均余额 / 营业成本

一般来讲，存货周转速度越快，存货占用水平越低，流动性越强，存货转化为现金或应收账款的速度就越快，这样会增强企业的短期偿债能力及盈利能力。

（3）流动资产周转率。流动资产周转率是反映企业流动资产周转速度的指标。流动资产周转率（次数）是一定时期营业收入净额与企业流动资产平均占用额之间的比率。其计算公式如下：

流动资产周转次数＝营业收入 / 流动资产平均余额

流动资产周转天数＝计算期天数 / 流动资产周转次数

＝计算期天数 × 流动资产平均余额 / 营业收入净额

流动资产平均余额＝（期初流动资产＋期末流动资产）/ 2

在一定时期内，流动资产周转次数越多，表明以相同的流动资产完成的周转额越多，流动资产利用效果越好。流动资产周转天数越少，表明流动资产在经历生产销售各阶段所占用的时间越短，可相对节约流动资产，增强企业盈利能力。

2. 固定资产营运能力分析

反映固定资产营运能力的指标为固定资产周转率。固定资产周转率（次数）是指企业年营业收入与固定资产平均额的比率。它是反映企业固定资产周转情况，衡量固定资产利用效率的一项指标。其计算公式如下：

固定资产周转率＝营业收入 / 平均固定资产

平均固定资产＝（期初固定资产＋期末固定资产）+2

固定资产周转率高（即一定时期内固定资产周转次数多），说明企业固定资产投资得当，结构合理，利用效率高；反之，如果固定资产周转率不高，则表明固定资产利用效率不高，提供的生产成果不多，企业的营运能力不强。

3. 总资产营运能力分析

反映总资产营运能力的指标是总资产周转率。总资产周转率（次数）是企业营业收入与企业资产平均总额的比率。其计算公式如下：

总资产周转次数＝营业收入 / 平均资产总额

如果企业各期资产总额比较稳定，波动不大，则：

平均总资产＝（期初总资产＋期末总资产）/ 2

如果资金占用的波动性较大，企业应采用更详细的资料进行计算，如按照各月份的资金占用额计算，则：

月平均总资产＝（月初总资产＋月末总资产）+2

季平均占用额＝（1/2 季初资产＋第一月末资产＋第二月末资产 +1/2 季末资产）/ 3

年平均占用额＝（1/2 年初资产＋第一季度末资产＋第二季度末资产＋第三季度末资产 +1/2 年末资产）/ 4

计算总资产周转率时分子、分母在时间上应保持一致。

企业的营运能力不同的板块所分析的内容不同，在数智企业经营管理沙盘系统中，通常通过总资产营运能力分析指标来分析企业的营运能力。

（三）盈利能力分析

企业的盈利能力是企业资金运动的直接目的与动力源泉，一般指企业从销售收入中能获取利润的能力。销售净利率、总资产报酬率、权益净利率等指标是判断模拟企业盈利能力的重要指标。若模拟企业的销售净利率稳定，说明该模拟企业的市场占有率稳定，销售收入的实现较为均衡。较高的总资产报酬率表明该公司的资产利用效率高，模拟企业的资产经营盈利能力强。而较高的权益净利率表明公司利用权益资本创造的盈利能力强，给股东带来的回报高。

盈利能力指标主要通过收入与利润之间的关系、资产与利润之间的关系反映。反映企业盈利能力的指标主要有营业毛利率、营业净利率、总资产净利率和净资产收益率。

1. 营业毛利率

营业毛利率是营业毛利与营业收入之比，其计算公式如下：

营业毛利率=（营业毛利 / 营业收入）×100%

营业毛利=营业收入－营业成本

营业毛利率反映产品每 1 元营业收入所包含的毛利率是多少，即营业收入扣除营业成本后还有多少剩余可用于弥补各期费用和形成利润。营业毛利率越高,表明产品的盈利能力越强。

2. 营业净利率

营业净利率是净利润与营业收入之比，其计算公式如下：

营业净利率=（净利润 / 营业收入）×100%

营业净利率反映每 1 元营业收入最终赚取了多少利润，用于将产品最终的盈利能力反映在利润表上，从营业收入到净利润需要扣除营业成本、期间费用、税金等项目费用。

3. 总资产净利率

总资产净利率指净利润与平均总资产的比率，反映每 1 元资产创造的净利润。其计算公式如下：

总资产净利率=（净利润 / 平均总资产）×100%

总资产净利率衡量的是企业资产的盈利能力。总资产净利率越高，表明企业资产的利用效果越好。影响总资产净利率的因素是营业净利率和总资产周转率。

总资产净利率=净利润 / 平均总资产 =（净利润 / 营业收入）×（营业收入 / 平均总资产）

=营业净利润 × 总资产周转率

因此，企业可以通过提高营业净利率、加速资产周转来提高总资产净利率。

4. 净资产收益率

净资产收益率又称权益净利率或权益报酬率，是净利润与平均所有者权益的比值，表示每 1 元权益资产赚取的净利润，反映权益资本经营的盈利能力。其计算公式如下：

净资产收益率=（净利润 + 平均所有者权益）×100%

一般来说，净资产收益率越高，所有者和债权人的利益保障程度越高。分析一家企业通常从营业毛利率开始，然后通过营业净利率初步评估企业盈利能力。不同的指标分析的内容或多或少，数智企业经营管理沙盘系统通常关注企业的营业净利润，故在分析盈利能力时，建议重点分析企业营业净利润。

（四）发展能力分析

企业的发展能力是指企业扩大规模、壮大实力的潜在能力，其是股权投资者在进行长期投资时最为关注的问题。通过关注销售增长率、资产增长率、股东权益增长率、净利润增长率、经营活动现金流量增长率等指标，分析评价模拟企业是否有强势的发展后劲。

衡量企业发展能力的指标主要包括营业收入增长率、总资产增长率、营业利润增长率、资本保值增值率和所有者权益增长率等。

1. 营业收入增长率

该指标反映的是相对化的营业收入增长情况，是衡量企业经营状况和市场占有能力、预测企业经营业务拓展趋势的重要指标。在实际分析时应考虑企业历年的销售水平、市场占有情况、行业未来发展及其他影响企业发展的潜在因素，或结合企业前三年的营业收入增长率进行趋势性分析判断。其计算公式如下：

营业收入增长率 =（本年营业收入增长额 / 上年营业收入）×100%

本年营业收入增长额=本年营业收入 - 上年营业收入

2. 总资产增长率

总资产增长率是企业本年资产增长额同年初资产总额的比率，反映企业本期资产规模的增长情况。其计算公式如下：

总资产增长率=（本年资产增长额 / 年初资产总额）×100%

本年资产增长额=年末资产总额 - 年初资产总额

总资产增长率越高，表明企业一定时期内资产经营规模扩张的速度越快。但在分析时，需要关注规模扩张的质和量的关系，以及企业的后续发展能力，避免盲目扩张。

3. 营业利润增长率

营业利润增长率是企业本年营业利润增长额与上年营业利润总额的比率，反映企业利润的增减变动情况。其计算公式如下：

营业利润增长率=（本年营业利润增长额 / 上年营业利润总额）×100%

本年营业利润增长额=本年营业利润 - 上年营业利润

4. 资本保值增值率

资本保值增值率是指扣除客观因素影响后的所有者权益的期末总额与期初总额之比。其计算公式如下：

资本保值增值率 =（扣除客观因素影响后的期末所有者权益 / 期初所有者权益）×100%

5. 所有者权益增长率

所有者权益增长率是企业本年所有者权益增长额与年初所有者权益的比率，反映企业当年资本的积累能力。其计算公式如下：

所有者权益增长率 =（本年所有者权益增长额 / 年初所有者权益）×100%

本年所有者权益增长额 = 年末所有者权益 - 年初所有者权益

所有者权益增长率越高，表明企业的资本积累越多，应对风险、持续发展的能力越强。在数智企业经营管理沙盘系统中，我们关注的是企业发展能力，其可以通过所有者权益增长率指标进行分析。

依据 ERP 沙盘模拟的数据，计算出相关的财务比率指标并对模拟企业进行具体分析。

（五）综合财务分析

综合财务分析是在基本财务分析及单项财务分析的基础上进行的，应用杜邦分析法对 ERP 沙盘模拟所形成的数据进行分析。利用因素分析方法将权益净利率指标进行分解，按照杜邦财务分析体系可以将权益净利率指标分解为销售净利率、总资产周转率和权益乘数三个影响因素的乘积，以便找到权益净利率变化的真正原因。

权益净利率 = 销售净利率 × 总资产周转率 × 权益乘数

当前经济形势和金融环境的日趋复杂多变对人才培养提出了更高的要求，培养集理论和实践于一身的人才成为我国高校教学的奋斗目标。基于 ERP 沙盘模拟的财务管理教学通过高度仿真企业环境和流程、模拟职能岗位，让学生身临其境，真正感受到企业在激烈市场竞争中的生存压力，体验不同职能岗位管理者的职责。沙盘模拟作为一种体验式的教学方式，融理论与实践于一体、集角色扮演与岗位体验于一身，可以使学生在参与模拟企业的经营中完成从知识到技能的转化，从而全面提高学生的管理能力、协调能力、沟通能力、决策能力和动手能力等综合素质。学生从 ERP 沙盘模拟中取得财务分析的数据，从根本上了解企业所面临的外部环境和内部环境，并从这些因素的变化来推断企业的价值变化。ERP 沙盘模拟在财务分析教学中的有效应用，要求老师树立科学的教学观念，采用现代化的教学手段，从根本上培养学生的创新思维，实现教学水平的全面提高，培养更多的能够适应复杂经济环境的财务管理人员，为社会作出贡献。

附录

附录A　比赛心得

心得一：企业资源规划ERP沙盘模拟对抗比赛总结

“心态开放，亲力亲为，团结协作，换位思考”，我们就是在这样的职位分工原则下，参加了紧张而又激烈的企业资源规划ERP沙盘模拟对抗比赛。比赛在评判老师宣布结果之后圆满结束。由于经验不足，我们在参赛的众多参赛学校中取得了第三名。为了使我们学校下一年来比赛的选手能稳操胜券，我作为小组成员，在这里总结一下这次比赛后我从中得到的一些经验。

总的来说，我们应该用一种战略的眼光去看待业务的决策和运营，我们要根据产品的需求预测作出正确而有效的企业运营决策，然后在资金预算允许的范围内，在合适的时间开发新产品，提高公司的市场地位，在此基础上，开发本地市场以外的其他新市场，进一步拓展市场领域，从而再扩大生产规模，采用现代化生产手段，努力提高生产效率。另外，四个人还要各尽其责，在必要的基础上，充分利用其他企业良好的人力资源，为企业进一步发展作铺垫，从而使企业获得更好的经济效益。

从小的方面来说，每组中必须指定一个人负责任务清单的核查。每步都需要四个人集中精力去听和去做，不能出一点差错。否则，会直接影响到本年的报表不平或是下一年的任务混乱。每年的企业运营过程中，有几点至关重要：

（一）广告

（1）每年年初投放广告时，要在上年年末时特别注意一下留存的现金，要保证足以支付下年的广告费，如若不够，则要立即贴现，留够下年的广告费，再作报表。

（2）第一年投广告费时，一定要成为本地市场第一，而在以后几年市场竞争激烈时，至少要保住一个市场第一的位置。另外，要查看规则，本年度是否有多季度订单。如果没有，则营销总监只能根据市场预测一次性地投入广告费，这就从根本上给营销总监投放广告增加了一定难度，需要更好地预测及推测市场情况。

（3）在接下来几年的运营中，广告至关重要，一定不可马虎。只有广告做好了，才能拿到订单，否则，即使企业的生产能力再强。如果订单不够，那么生产出的产品库存积压卖不出去就又成了问题；如果订单足够，而产品不够，则应及时考虑到其他企业，彼此进行交易，以确保企业的正常运行与稳步发展。

（二）登记销售订单

（1）一定要认真，细心。

（2）每种产品的直接成本一定要计算清楚，不能混淆，否则将直接影响到计算毛利及净利润，从而影响报表。

（三）有关直接融资、短期贷款、长期贷款

（1）如果企业在第一年的第一季度短贷，则要在第二年的第一季度还本付息。如果所有者权益允许，则还可续借短贷，但要支付利息。如果是企业能力允许的情况下，短贷也可提前还款，同时支付利息。

（2）企业要充分利用短贷的灵活性，根据企业资金的需要，分期短贷，这样可以减轻企业的还款压力。

（3）长贷短贷在每次还款时，都要先看贷款额度。

（4）申请贷款时，要注意一点：所有者权益 $\times 3=A$，则长贷$\leqslant A$，短贷$\leqslant A$，长短贷一定要分开计算。

（四）原材料入库及下原料订单

规则中规定：原材料采购需提前下达采购订单。而只要下了订单，都必须入库。所以采购经理和运营总监一定要根据 CEO 的决策提前预算出每季度每种材料下订单的个数及入库产品的种类和个数。

（五）产品研发投资

（1）一个好的企业不会局限于生产单一的产品，这样的企业是不会长久的。

（2）越是有实力的企业，它推出的产品在市场划分中就越细，而没有远见的企业一般只会经营一种产品，所以在“产品研发投资”上，我们应在预算允许的前提下开发多种产品，从而提高企业的市场地位，为公司做长远打算。

（六）折旧

（1）当年新投资的机器设备当年不计提折旧。

（2）在计提折旧时，按年初设备价值的 1/3 计算（不计小数部分），如果设备价值小于 3 万元，则每年折旧 1 万元，直到残值为止。在折旧方面，我们应尤为注意，不能出错。

（七）新市场开拓投资和 ISO 资格认证的投资

这里要注意的是，ISO 资格认证的投资只针对市场不针对产品。我们可以看出，一个好的企业需要有一种好的团队协作精神。比赛时，企业的起点都是一样的，当我们用数学的角度来观察它时，会发现企业的运行轨迹好似一条呈开口方向向上的抛物线。一般地，第一年亏损较少，第二年最困难，亏损较大，是谷底。所以我们必须努力提高第二年的销售额，做到第二年尽量少亏损，然后再充分发挥每条生产线的作用，以保证以后几年企业的顺利经营运行。但在比赛时，由于我们预算得不准确，没有抱一种“居安思危”的态度，以至于企业在第三年时跌入低谷，这使我们每个人都明白了企业顺利运行的大忌是“急于求成”，另外，我们没有充分利用其他组良好的人力资源也是我们的教训之一。总之，这次比赛使我们每个人都受益匪浅，我们也真正体会到了“稳”中求“胜”的重要性。

心得二：如何把握 ERP（企业资源计划）的真正时机

企业资源计划指在企业资源有限的情况下，如何整合企业可利用的资源，使之在提高企

业竞争力的同时，也使企业的收益最大化。在ERP沙盘对抗赛中经营的虚拟企业中做好资源计划，就需要对企业的整体资源做出长远的计划。如此在财务方面一定要做好现金预测，这对CFO及其助理提出了更高的要求。CFO需要做好企业资源计划，是基于战略发展的需要，战略方向确定后，CFO就要开始这一工作。那么如何做好战略这一基础工作呢？这是不能凭CFO随意决定的。

（一）以销定产再以产定销

该方式是首先根据市场匹配相应的产品组合，再投入相应的生产线。每个市场有它独特的产品需要，比如区域市场从第三年开始最偏爱的是P4产品，只要它与其他任何两种产品相配合就可以稳定市场第一的地位了。因为P4产品的研发费用高，回收期长，所以大多数公司资金不能支持开发P4产品。由于产品研发的周期（6Q）大于生产线投资建设的周期，所以若投资全自动生产线（4Q）可以在产品研发第三周期开始，在同一季度同时投资完成。这样生产线和P4产品的研发费用会在第二年内完成，资金将充沛利用，尽管企业遇到巨大的资金压力，但未来企业的竞争力是很强的。

很多参赛队在生产线投资时倾向于没有转产周期和费用的柔性生产线，而不去投资全自动生产线。但是一条柔性生产线比全自动生产线多投入8万元，并不是个小数目，几乎需要4个P1产品或2.5个P2产品或2个P3产品（P4产品）的毛利实现。在此参赛队必须清晰规划自己的战略组合，市场定位一定要清晰，深入分析这个市场的需求量，最终确定自己的产品组合。再进行生产组合的分析和决策，才会做得更好。

如果把所有的产品都开发了，想得到所有产品的最大销售订单是不现实的，即使做到了，广告投入也非常大。

当产品组合确定，生产能力也能满足市场的预测了，接下来就看销售总监市场上临阵的本领了。

（二）情报搜集

能否搜集到必要且准确的市场信息是企业战略制定和执行的关键。尽管竞争对手很多都深受竞争环境的困扰，但没有想经营破产的企业。每一家企业都在尽量搜集自己能掌握的信息，并对自己所掌握的信息进行筛选，再做对手的现实战略分析和未来发展方向的判断。所以当各家都认识到经营企业不是闭门造车时，都想看别人是怎么造“车”的，也都在想怎么保守自己企业的秘密战略，就算经营的是财务公开的大企业，必要的保守遮掩并不违规。所以做好这门工作，不是件容易的事，需要掌握最新的市场信息，把握竞争对手的动作。比如在年末公布企业经营情况时，就要把竞争对手的在建工程及产品原材料订单等数据及时了解，这样就会对下一年对手期初用哪条生产线生产哪种产品做出判断。这样会尽量避免与对手在下年初同一市场上广告的拼杀。在模拟的场景中，每个市场的需求量是不变的，不断变化的是满足需求时各家的最终决策。每一项决策的最终拍板不宜像“押宝”，若那样，付出的代价太大。当导致代价惨重时，后悔也来不及了。所以“宝”还是要押的，但胜算不是50%，而是要有90%的把握。

我们以某次参赛第二年经营为例。当时各家企业在第一年广告投入都很小，本地市场被J公司广告投入7万元，J公司获得该市场优先权。第一年本地广告没有比拼，却有6家公司在第二年回头来抢本地市场第一，J公司没能守住市场，多家抢他的市场，而不去竞争区域市场，以这种竞争可以看出那 6 家公司的决策似乎如出一辙，从中可想而知竞争对手对公司信息保密得很好，导致 J 公司信息搜集效果不佳。

（三）做好团队管理是管理团队成功的基础

没有完美的个人，却有优秀的个人，因为有优秀的个人才有完美的团队。实现团队协作是参赛团队所追求的目标，然而这一目标远非说和想那样轻松。团队成员的默契若想在短时间内实现，就要在不断的冲突中充分用实践去证明自己的观点是经得起考验的。假设财务总监对生产总监、市场总监以及采购总监的行为不做出判断，当他们需要费用时就发放，情况很快就会严峻起来。ERP 更多的是教我们如何去做企业资源的计划，而不是通过某种侥幸获得意外的收益。我们参加沙盘模拟，更多的是希望大家做好本企业的资源规划和团队管理，这样才能让我们从曾经或将要学习的知识中受益，使我们真正成为知识的使用者和受益者。

附录 B　2023 年国赛规则一

一、不变参数

不变参数具体规则如下：

参数名称	参数规则	参数名称	参数规则
贷款总额度	上年所有者权益的 2 倍	最大长贷年限	2 年
库存折价率（原料）	80%	库存折价率（产品）	80%
紧急采购原料价格	原料原价的 2 倍	紧急采购产品价格	产品直接成本的 4 倍
所得税税率	25%	违约扣款百分比	40%
最小得单广告额	10 000 元	得单公差	20 000 元
订货会选单时间	40 s	订单首选补时	15 s
订单会市场同开数量	2 个	生产线数量上限	16

二、可变参数

1. ISO 资格认证参数

认证名称	认证费 / 元	认证期 / 季
ISO 9000	20 000	6
ISO 14000	30 000	6

2. 市场开拓参数

市场名称	开拓费 / 元	开拓期 / 季
本地	20 000	3
区域	20 000	2

续表

市场名称	开拓费 / 元	开拓期 / 季
国内	50 000	4
亚洲	30 000	6
国际	40 000	7

3. 产品生产资质参数

产品名称	研发费 / 元	研发期 / 季
P1	10 000	2
P2	20 000	3
P3	60 000	4
P4	80 000	6

4. 产品图纸参数

产品名	开产费 / 元	产品成本 / 元	R1	R2	R3	R4
P1	10 000	20 000	1	0	0	0
P2	15 000	35 000	0	1	1	0
P3	15 000	45 000	1	0	1	1
P4	10 000	60 000	1	2	1	1

5. 原材料参数

材料名称	基础价格 / 元	数量	送货期 / 季	账期 / 季
R1	10 000	50 000	1	0
R2	10 000	50 000	1	0
R3	10 000	50 000	2	0
R4	10 000	50 000	2	0

6. 生产线参数一

线型名称	购买价 / 元	安装期 / 季	生产期 / 季	产量	转产期 / 季
手工线	50 000	0	2	1	0
自动线	100 000	1	1	1	1
智能线	140 000	2	1	1	0
租赁线	0	0	1	1	1

7. 生产线参数二

线型名称	转产价 / 元	残值 / 元	维修 / 元	初级工人	高级工人	折旧年限
手工线	5 000	10 000	9 000	1	0	4
自动线	10 000	20 000	20 000	0	1	4
智能线	0	20 000	20 000	1	1	4
租赁线	10 000	−70 000	65 000	1	1	0

8. 工人招聘参数

名称	初始期望工资 / 月	计件	每季度数量	倍数加成
初级工人	0	0	10	0
高级技工	0	0	10	0

9. 融资参数

贷款名称	贷款时间 / 季	还款方式	利率
直接融资	1	本息同还	5%
短期银行融资	4	本息同还	10%
长期银行融资	8	每季付息，到期还本	3%

10. 贴现参数

名称	收款期 / 季	贴息
4 季贴现	4	13%
3 季贴现	3	10%
2 季贴现	2	7%
1 季贴现	1	4%

11. 数字化参数

岗位名称	开发费 / 元	开发期 / 季
生产总监	110 000	3

12. 其他参数

规则名称	规则值
咨询费	10 000
每季管理费	16 000

13. 市场需求量（单位：个）

年份	产品	本地	区域	国内	亚洲	国际
第 2 年	P1	113	66	96	0	0
	P2	86	103	84	0	0
	P3	0	0	0	0	0
	P4	0	0	0	0	0
第 3 年	P1	84	60	42	0	0
	P2	40	60	60	54	0
	P3	30	40	0	37	0
	P4	0	48	20	0	0
第 4 年	P1	40	42	40	0	42
	P2	56	40	40	53	0
	P3	64	42	0	45	0
	P4	0	60	0	0	20
第 5 年	P1	24	21	33	0	41
	P2	19	38	18	61	0
	P3	39	40	0	57	0
	P4	0	40	0	0	44

14. 市场产品均价（单位：元）

年份	产品	本地	区域	国内	亚洲	国际
第 2 年	P1	49 840	49 830	49 560	0	0
	P2	73 830	74 380	74 180	0	0
	P3	0	0	0	0	0
	P4	0	0	0	0	0
第 3 年	P1	49 080	49 840	48 630	0	0
	P2	75 560	75 990	74 930	74 880	0
	P3	98 700	98 900	0	96 920	0
	P4	0	114 300	111 960	0	0
第 4 年	P1	49 930	50 090	48 290	0	54 610
	P2	74 620	74 510	74 380	76 880	0
	P3	97 770	98 300	0	101 680	0
	P4	0	114 760	0	0	118 580
第 5 年	P1	49 610	56 690	52 400	0	49 590
	P2	78 870	76 400	76 510	76 350	0
	P3	101 200	99 020	0	100 190	0
	P4	0	123 540	0	0	122 720

15. 市场订单数量（单位：个）

年份	产品	本地	区域	国内	亚洲	国际
第 2 年	P1	32	19	29	0	0
	P2	24	30	24	0	0
	P3	0	0	0	0	0
	P4	0	0	0	0	0
第 3 年	P1	26	17	14	0	0
	P2	12	17	17	15	0
	P3	10	12	0	12	0
	P4	0	14	6	0	0
第 4 年	P1	12	12	12	0	13
	P2	15	11	12	16	0
	P3	18	12	0	13	0
	P4	0	17	0	0	6
第 5 年	P1	7	6	10	0	11
	P2	6	11	5	17	0
	P3	11	12	0	17	0
	P4	0	11	0	0	14

三、任务要求

各参赛队遵循相关规则参数，依据各阶段的市场趋势预测，完成孵化创业期（第 1 年）、成长探索期（第 2 年）、高速发展期（第 3 年）、成熟稳定期（第 4 年）、转型升级期（第 5 年）经营管理模拟。

（一）子任务 1　企业孵化创业期经营管理

企业孵化创业期处于寻找市场及创始资金，建设厂房、生产线，进行产品研发及市场开拓阶段，其主要任务有：四位参赛选手须创立一家注册资金为 1 000 000 元的小型加工装配企业，其分别担任该企业总经理、财务经理、运营经理、销售经理角色；须根据规程中的市场规则不变参数及以下（可变）参数，制定企业未来 3~5 年的经营规划及财务预算；完成第一年（企业孵化创业期）经营，编制现金流量表、损益表、资产负债表。

（二）子任务 2　企业成长探索期经营管理

企业成长探索期处于市场较为单一、相互竞争力大、企业资金紧张阶段，其主要任务为：分析该阶段市场需求量、市场产品均价、市场订单数量及详单信息；调研、统计、分析第 1 年行业竞争企业相关产能、资金流、原材料订购及融资等情况；调整企业长期规划，制定企业第 2 年广告方案，参加订货会，获取销售订单，并根据订单安排生产等，完成该时期经营，编制综合费用表、资产负债表、利润表。

（三）子任务 3　企业高速发展期经营管理

企业高速发展期处于市场多元、市场需求量上升加快、新产品研发成功、产能急需扩大、负债较高、企业资金紧张阶段，其主要任务为：分析第 3 年市场需求量、市场产品均价、市场订单数量及详单信息；调研、统计、分析第 2 年行业竞争企业相关产能、资金流、原材料订购、融资、利润等情况；调整企业长期规划，制定企业第 3 年广告方案，参加订货会，获取销售订单，并根据订单安排生产等，完成第 3 年经营，编制现金流量表、损益表、资产负债表，计算销售利润率、利润增长率等指标。

（四）子任务 4　企业成熟稳定期经营管理

企业成熟稳定期处于市场需求逐渐饱和、新产品基本研发完成、竞争激烈、营销费用较高阶段，其主要任务为：分析第 4 年市场需求量、市场产品均价、市场订单数量及详单信息；调研、统计、分析第 3 年行业竞争企业相关产能、资金流、原材料订购、融资、利润等情况；调整企业长期规划，制定企业第 4 年广告方案，参加订货会，获取销售订单，并根据订单安排生产等，完成第 4 年经营，编制现金流量表、损益表、资产负债表，计算成本应收账款率、资产周转率等指标。

（五）子任务 5　企业转型升级期经营管理

企业转型升级期处于市场大幅萎缩、行业产能过剩、竞争进一步加剧、银行贷款到期阶段。其主要任务为：分析第 5 年市场需求量、市场产品均价、市场订单数量及详单信息；调研、统计、分析第 4 年行业竞争企业相关产能、资金流、原材料订购、融资、利润等情况；调整企业长期规划，制定企业第 5 年广告方案，参加订货会，获取销售订单，并根据订单安排生产等，完成第 5 年经营，编制现金流量表、损益表、资产负债表，计算资产报酬率、净资产报酬率等指标。

附录 C　课程应用表格

一、决策记录表

任务	1 年 1 季度	1 年 2 季度	1 年 3 季度	1 年 4 季度
贷款				
收款				
付款				
支付费用				
填制报表				
招聘				
工人排产				
购买生产线				
拆除生产线				
转产				
产线生产				
订购原材料				
原材料收货				

续表

任务	1 年 1 季度	1 年 2 季度	1 年 3 季度	1 年 4 季度
开拓渠道				
开发资质				
质量认证				
广告投放				
经销商竞单				
订单交付				
生产数字化				

任务	2 年 1 季度	2 年 2 季度	2 年 3 季度	2 年 4 季度
贷款				
收款				
付款				
支付费用				
填制报表				
招聘				
工人排产				
购买生产线				
拆除生产线				
转产				
产线生产				
订购原材料				
原材料收货				
开拓渠道				
开发资质				
质量认证				
广告投放				
经销商选单				
订单交付				
生产数字化				

任务	3 年 1 季度	3 年 2 季度	3 年 3 季度	3 年 4 季度
贷款				

续表

任务	3 年 1 季度	3 年 2 季度	3 年 3 季度	3 年 4 季度
收款				
付款				
支付费用				
填制报表				
招聘				
工人排产				
购买生产线				
拆除生产线				
转产				
产线生产				
订购原材料				
原材料收货				
开拓渠道				
开发资质				
质量认证				
广告投放				
经销商选单				
订单交付				
生产数字化				

任务	4 年 1 季度	4 年 2 季度	4 年 3 季度	4 年 4 季度
贷款				
收款				
付款				
支付费用				
填制报表				
招聘				
工人排产				
购买生产线				
拆除生产线				
转产				
产线生产				
订购原材料				

续表

任务	4年1季度	4年2季度	4年3季度	4年4季度
原材料收货				
开拓渠道				
开发资质				
质量认证				
广告投放				
经销商选单				
订单交付				
生产数字化				

任务	5年1季度	5年2季度	5年3季度	5年4季度
贷款				
收款				
付款				
支付费用				
填制报表				
招聘				
工人排产				
购买生产线				
拆除生产线				
转产				
产线生产				
订购原材料				
原材料收货				
开拓渠道				
开发资质				
质量认证				
广告投放				
经销商选单				
订单交付				
生产数字化				

二、现金流量记录表

操作	金额	剩余现金	时间	备注
初始化	1 000 000	1 000 000	1 年 1 季度	初始资金

三、综合费用表和利润表

综合费用表

项目	数值
管理费	
广告费	
产线维修费	
转产费	
市场开拓	
产品资质申请	
ISO 认证申请	
信息费	
人力费	
数字化研发费	
合计	

利润表

项目	数值
销售收入	
直接成本	
毛利	
综合管理费用	
折旧前利润	
折旧	
支付利息前利润	
财务费用	
营业外收支	
税前利润	
所得税	
净利润	

四、资产负债表

资产		负债和所有者权益	
现金		长期负债	
应收款		短期负债	
在制品		其他应付款	
产成品		应交税费	
原材料		（一）负债合计	
（一）流动资产合计		股东资本	
机器与设备		利润留存	
在建工程		年度净利	
（二）固定资产合计		（二）所有者权益合计	
（三）资产总计		（三）负债和所有者权益合计	

五、工具表格

订单登记表												合计
订单号												
市场												
价格												
数量												
账期												
销售额												
成本												
毛利												

产品核算统计表					
产品					合计
数量					
销售额					
成本					
毛利					

采购登记表																				
	第 1 季度					第 2 季度					第 3 季度					第 4 季度				
原材料	R1	R2	R3	R4	R5	R1	R2	R3	R4	R5	R1	R2	R3	R4	R5	R1	R2	R3	R4	R5
订购数量																				
采购入库																				

广告投放方案					
产品	本地	区域	国内	亚洲	国际
合计					

后　记

在过去的工作中，我有幸承担了企业经营沙盘模拟课程的教学工作。这是一项充满挑战和收获的体验，让我深刻地认识到沙盘模拟在教学中的应用和实践价值。以下是我对这项教学的总结和感悟。

首先，我必须承认，企业经营沙盘模拟课程的设计和实施是一项极具挑战性的任务。它不仅需要我们对企业的经营管理有深入的了解，还需要我们在教学过程中引导学生进行决策、团队协作和问题解决。这不仅是对我们专业知识的一次考验，也是对我们教学能力的一次锻炼。

在课程的设计阶段，我们根据实际情况对沙盘进行了调整和优化。我们不仅参考了大量的文献资料，还与行业专家进行了深入的交流和讨论。通过不断地尝试和修正，我们成功地构建了一个既符合实际需求又具有教育意义的沙盘模型。

在课程实施阶段，我们采用了多种教学方法和手段。我们运用了案例分析、角色扮演、小组讨论等多种教学形式，帮助学生更好地理解和掌握沙盘的规则和操作。我们还借助数字技术手段，如数据分析、图表展示等，使教学更加直观、生动。

在教学过程中，我们注重引导学生进行思考和实践。我们鼓励他们发挥自己的创造力和判断力，做出符合自身情况的决策。同时，我们还组织了多次小组讨论和互动环节，帮助学生培养团队协作和沟通技巧。

经过一段时间的教学实践，我发现企业经营沙盘模拟课程具有以下优点：

（1）实践性强：沙盘模拟真实地再现了企业的经营环境，使学生能够亲身体验并深入理解企业经营管理的各个环节。

（2）互动性强：沙盘模拟需要学生进行团队协作和沟通，这不仅提高了他们的团队协作能力，还锻炼了他们的沟通技巧。

（3）培养综合素质：通过沙盘模拟，学生不仅学到了专业知识，还培养了他们的分析能力、判断力和决策能力等综合素质。

当然，在教学过程中我们也发现了一些问题和不足之处。例如，部分学生在沙盘模拟过程中过于谨慎，不敢大胆尝试；部分学生则过于自信，忽视了团队协作的重要性。针对这些问题，我们将在今后的教学中加强引导和启发，帮助学生更好地发挥自己的潜力。

总的来说，企业经营沙盘模拟课程是一项富有意义和价值的教学活动。它不仅帮助学生深入理解企业经营管理的知识，还提高了他们的团队协作能力和综合素质。在今后的教学中，我们将继续努力完善课程设计和方法手段，为学生提供更加优质的教学体验。

作　者

2023 年 12 月

参 考 文 献

[1] 刘芳 , 胡俊开 . 市场营销基础与实务 [M]. 北京：人民邮电出版社，2015.

[2] 周三多 , 陈传明，刘子馨，等 . 管理学：原理与方法 [M]. 上海：复旦大学出版社，2018.

[3] 财政部会计资格评价中心 . 财务管理 [M]. 北京：经济科学出版社，2020.

[4] 德斯勒 . 人力资源管理（第 14 版）[M]. 刘昕，译 . 北京：中国人民大学出版社，2017.

[5] 大野耐一 . 丰田生产方式 [M]. 谢克俭，李颖秋，译 . 北京：中国铁道出版社，2016.

[6] 黄丹 . 财务管理智能化及其未来发展趋势浅析 [J]. 商讯 .2021(1):33-34.

[7] 林萍萍 . 数字化赋能高校财务共享平台建设研究：以 F 高校为例 [J] 教育财会研究，2021,32(2):67-72.

[8] 刘梅玲，黄虎，佟成生，等 . 智能财务的基本框架与建设思路研究 [J]. 会计研究，2020(3):179-192.

[9] 王玲 . 数智化背景下企业人力资源管理的创新发展研究 [J]. 江苏科技信息，2021，38(33):8-10.

[10] 刘梓鑫 . 数字化工厂建设风险管理研究：以 A 企业为例 [D]. 南京：南京大学，2021.

[11] 陆晓辉，陈晓梅 . 沙盘模拟原理及量化剖析 [M]. 北京：化学工业出版社，2009.